本书为广西职业教育教学改革研究项目《基于“创教融合”的体育高职院校创新创业人才培养模式研究》（项目编号：GXGZJG2022A030）研究成果

体育高职院校大学生
创业就业案例精选与评述

李爱民　覃世东　李华娟　主编

北京体育大学出版社

策划编辑：韩培付
责任编辑：曹晓燕
责任校对：米　安
版式设计：李　鹤

图书在版编目（CIP）数据

体育高职院校大学生创业就业案例精选与评述 / 李爱民，覃世东，李华娟主编. -- 北京 : 北京体育大学出版社，2024. 9. -- ISBN 978-7-5644-4187-6

Ⅰ. G717.38

中国国家版本馆CIP数据核字第2024DY4739号

体育高职院校大学生创业就业案例精选与评述　　李爱民　覃世东　李华娟　主编

TIYU GAOZHI YUANXIAO DAXUESHENG CHUANGYE JIUYE ANLI JINGXUAN YU PINGSHU

出版发行：北京体育大学出版社
地　　址：北京市海淀区农大南路1号院2号楼2层办公B-212
邮　　编：100084
网　　址：http://cbs. bsu. edu. cn
发 行 部：010-62989320
邮 购 部：北京体育大学出版社读者服务部 010-62989432
印　　刷：三河市龙大印装有限公司
开　　本：787mm × 1092mm　1/16
成品尺寸：185mm × 260mm
印　　张：9.5
字　　数：234千字
版　　次：2024年9月第1版
印　　次：2024年9月第1次印刷
定　　价：38. 00元

编委会

主　编： 李爱民　覃世东　李华娟

副主编： 覃　琳　韦宛辰　黄　茜　何　培　廖振民

编　委：（排序不分先后）

危泳键　陆　秋　黎智达　赵世强　张　伟

刘智炜　刘　莉　唐　卓　范程程　蒋小翠

程　丽

序言

高校的根本任务在于立德树人，培养什么人、怎样培养人、为谁培养人这一教育的根本问题，事关实现中华民族伟大复兴的中国梦，决定着中国特色社会主义事业后继有人这个根本大计。

体育高职院校承担着培养体育强国建设高素质技能人才的重任。长期以来，广西体育高等专科学校认真学习贯彻习近平新时代中国特色社会主义思想和习近平总书记关于教育、体育的重要论述，聚焦立德树人根本任务，推进人才培养体制机制改革，在强化人才专业素质能力培养的同时，深化创新创业和就业工作改革，鼓励大学生积极到基层创业就业。大学生创业就业工作取得了可喜成绩，毕业生活跃在体育、教育和其他各条战线上，他们有的成长为大中小学教师、人民警察、教练员、裁判员，有的成长为企业家、商界精英……为国家的体育事业、教育事业和经济社会发展做出了重要贡献。学校获评“全区普通高等学校就业创业工作突出单位”及“全区普通高等学校毕业生留桂就业工作贡献突出单位”。

为进一步加强大学生创业就业宣传，选树创业就业典型，发挥典型案例的示范引领作用，激励大学生积极创业就业，实现更加充分、更高质量的创业就业，学校组织开展了大学生创业就业案例征集和选编工作。

本书收录了近年来广西体育高等专科学校毕业的27位学生创业就业的生动故事，每一个故事都讲述了他们创业就业的心路历程。其中，有的人在创新创业方面形成一定社会影响；有的人在县乡党政机关、企事业单位、村镇、学校努力工作，取得显著成绩；有的人在参与脱贫攻坚、乡村振兴，开展体育、教育工作等服务经济社会发展方面做出积极贡献。他们是大学生扎根基层创新创业、求职就业的榜样示范。书中既有他们取得成功的体会感受，也有他们在遭受挫折和失败时如何坚定信念、勇往直前，一步一个脚印地走出困境的经验分享，还有他们作为“过来人”对创业就业的深刻感悟。他们身上展现了体育高职院校学子心怀祖国、爱岗敬业、脚踏实地、艰苦奋斗、勇于创新、敢于拼搏、甘于奉献的优秀品质。他们的事迹具有典型性、示范性，符合当代创新创业和就业主流价值观，能够激发广大大学生创业和就业的热情，引导大学生树立正确、科学的创业观、就业观和成才观，为广大将要走向社会的在校大学生提供了宝贵的经验。

希望广大体育高职院校的学生以他们为榜样，进一步树立远大志向，把个人理想建立在国家需要之上，自觉投入到体育强国和中国式现代化建设的洪流中去，勇于到基层去创业就业，敢于筑梦，勇于追梦，勤于圆梦，建功立业，为推进中国式现代化建设，为实现民族复兴伟业再创辉煌！

广西体育高等专科学校　　党委书记 杨昌鹏
校　　长 韦建勋
2024年2月25日

·目录·

创业篇

就业篇

创 业 篇

因感恩母亲而创业

许承华

许承华，男，广西体育高等专科学校2003届体育教育专业毕业生，广西许氏生态农业有限公司、“许三娘”海鸭蛋品牌创始人。

在校学习成长经历

我是广西体育高等专科学校2003届体育教育专业毕业生。在校期间，我利用课余时间参加了多个社团，并在校团委做干事。学校老师的言传身教，使我学会了许多为人处世的方法和工作的技能。这些经历使我得到了很多的实践锻炼，对我后来的创业产生了深刻的影响。

回乡创业的初心——陪伴母亲

从广西体育高等专科学校毕业后，我考上了广西壮族自治区某直属事业单位。由于我工作努力，勇挑重担，表现突出，得到了领导的赏识和同事的认可，很快被提拔为广西公路局某路政大队大队长，在亲朋好友们看来，我的前途一片光明。

然而，一切的改变发生于2014年6月的一天深夜母亲的一个电话。电话那头，年迈的母亲泣不成声，她的悲伤源自对两年前过世的父亲的思念。我出生在广西北海合浦县一个农户家庭，父亲在世时，全家的生计都靠父母亲养殖鸡鸭来维持，父亲的猝然离世让母亲深受打击。两年过去了，母亲仍无法从悲伤中走出来。父亲的离世和母亲孤身一人的寂寥，让我突然间发现，陪伴是我能回报母爱的最好方式。年迈无依的母亲，未报答的养育之恩，这些让我做出了一个重要的决定——从事业单位辞职回家陪伴母亲。

对于我的决定，母亲并不“领情”，她一心盼着我有出息，看着我有了一份稳定的工作，以为终于可以放心了。而我却突然要放弃，回到老家合浦的这个小村子，这实在让她很失望。亲朋好友们对于我的“不慎重”也是一片质疑声。

我深知母亲的想法，放弃这份工作我又何尝不是经过了深思熟虑。但是在我的心里，比起稳定的工作，我更想做的是陪伴在母亲身边。我与母亲的冷战持续了一段时日，我虽然无奈，但想陪伴在母亲身边的想法却始终不曾动摇，我内心无比清楚，工作哪里都可以找，而母亲只有一个！我知道要想缓和僵局，就必须在家乡干出一番事业。为了让母亲放心，当务之急是寻找维持家庭生计的突破口。

机遇永远留给有准备的人，我在村子里一位年高八旬、常年制作海鸭蛋的阿婆那里获得了启发。阿婆有着一手多年制作海鸭蛋的好手艺，她做出来的海鸭蛋口感纯正、咸香，深受周边村民的喜爱，我发觉这里面有商机。于是，我做出了一个决定，我想要把美味的海鸭蛋带出村子，带入市场。想好了就干！我东借西凑筹集到了50多万元养殖海鸭，走上了卖海鸭蛋的创业之路。

专注、细致打造品质海鸭蛋

合浦县，是古代海上丝绸之路的始发港口之一，物产丰富。当地人大多以经营农产品为生，海鸭蛋就是其中的一大特色产业。

但是，当地做海鸭蛋的企业就有十几家，我凭什么能在已经相对成熟的海鸭蛋市场里分得一杯羹？品牌是一种重要的无形资产，农业品牌化是农业市场化与产业化进程中的一种必然结果。农业部（现农业农村部）自2006年开始进一步推进农业品牌化工作，要求整合特色农产品品牌、支持做大做强名牌产品和保护农产品知名品牌。乘着这股东风，我牢牢把握商机，于2015年成立了广西许氏生态农业有限公司（以下简称“公司”）。因为在家族中我的父母均排行第三，母亲被称为“三娘”。为增加品牌识别度，故冠以自己的姓氏，“许三娘”品牌由此诞生。

广西许氏生态农业有限公司
创始人许承华

我创立“许三娘”品牌的初衷就是主打亲情牌，塑造母亲的形象，希望借此呼吁人们多关注自己的父母，常回家看看。因此，公司还设计、制作了专属品牌形象，朝着“品质海鸭蛋，源自许三娘”的美好愿景不断前行，朝着打造北海海鸭蛋标杆品牌的方向发展。

我把“带动群众致富，推动家乡建设”当作公司的宗旨。公司从建立海鸭养殖基地开始，就成立了“合浦县许三娘种养农民专业合作社”，带领村民对海鸭进行集中养殖、管理。考虑到红树林生态资源的珍贵性与保护生态环境的重要性，基地养殖海鸭采用的是小规模散养、多基地放养的模式。基地内安装了多角度的摄像头，以方便管理员查看海鸭下海、进食、回栏的实时状态。

许承华的生态放牧基地

当收获第一批海鸭蛋之后，我发现质量并不如预期。我就和饲养员对海鸭的日常生活习性进行观察和研究，终于发现这是由于海鸭一开始未能适应在海边自主觅食，每天摄入的营养物质不足导致的。找到了问题所在，我和饲养员开始研究对策，我们从市场上买来新鲜的小蟹，放入鸭舍训练海鸭主动觅食。渐渐地，海鸭在大海里也可以快速准确地觅食了。

长时间的努力给我带来了好消息，我们的海鸭终于产出了优质的海鸭蛋。公司养殖基地养殖的海鸭每日往返于基地与大海之间，在滩涂上四处觅食，为了使海鸭饮食均衡，饲养员还会拖着一大袋玉米来到海边，对海鸭进行投喂，目的是增强它们的体质。

工作中的许承华

健康的海鸭产出的海鸭蛋腥味小、营养丰富，这样的海鸭蛋做出来的烤海鸭蛋蛋白细嫩、蛋黄沙软。由于海鸭蛋的脂肪含量大，在腌制与高温烘烤过后，海鸭蛋内的脂肪与蛋白质分离，汇聚形成红油，所以烤熟后的海鸭蛋红油量多且色泽鲜亮。

如何将加工好的海鸭蛋销售出去呢？我邀请客户来养殖基地，请客户亲身体验捡海鸭蛋的乐趣，海鸭蛋的好坏一目了然。这种简单、直接的宣传方式，为公司赢得了大量的好评，带来了许多回头客，口口相传之下，公司渐渐开始良性运转起来。

为了系统管理品牌，公司还建立了自己的产品深加工厂、物流发货中心，从源头到出厂发货，环环相扣，做到自主把控，方便及时地发现问题并解决问题，形成“公司+基地+农户+深加工+销售”的完整产业链条。这就使“许三娘”品牌有别于市面上流通的其他海鸭蛋品牌，真正地朝着高品质产品的方向发展。

用心做好产品，收获便随之而来。2017年，“许三娘”品牌凭借品质和服务，被评为北海市海鸭蛋优秀品牌。母亲看着我在创业之路上的成就，也渐渐平息了怒气，放下了担忧。也是在这一年，我有幸接受了中央电视台的采访，让“许三娘”品牌的知名度更上一层楼。2017年末，公司接到中央电视台财经频道（CCTV-2）《生财有道》栏目组的采访邀请，中央电视台记者来到公司进行拍摄取材，并于同年12月19日播出的节目里对“许三娘”品牌进行了介绍，这让公司拥有了一个被外界了解的机会。

2018年，公司经历了重大转折。2018年3月初，公司荣获“北海市蛋品行业协会副会长单位”称号。随后，“许三娘”品牌专题报道在中央电视台军事农业频道CCTV-7《致富经》栏目中播出。3月底，“许三娘”与明星IP品牌“黄小厨”正式达成了品牌合作，“许三娘”品牌也为“黄小厨”平台特制了专属规格与包装的海鸭蛋产品。5月，“许三娘”成功入驻阿里巴巴旗下的盒马鲜生超市。6月，公司成功与“本来生活”平台达成合作……目前，与公司合作的经销商已经遍布全国各大城市，各类零售App上也陈列着“许三娘”品牌的产品。

随着公司受到的关注越来越多，为了满足市场，紧跟客户需求，我们组建了专业的产品研发团队，对与海鸭蛋相关的其他产品进行研究，寻找符合公司定位的新产品，再对新产品的口感进行调整，直到符合生产标准。目前，公司已相继开发了“许三娘”冰皮月饼、“许三娘”玫瑰蛋黄酥、“许三娘”糯米蛋等产品，并受到了市场的认可和欢迎。

发力电商运营，传递爱的“小确幸”

从建立一个个基地到拥有整条品牌产业链，从一个人东奔西走到团队分工协作……正如我所说的："公司虽然没有经历过什么大风大浪，但也是在很多坑坑洼洼中成长起来的。"在正式进入电商平台前，公司基本依靠传统的销售方式，部分产品通过线上合作平台进行零售。在公司对接线上平台时，一方面由于双方的沟通无法做到精准、及时，降低了公司的服务效果与工作效率；另一方面，由于公司的线上宣传投入力度不足，无法迎合广阔的市场对产品的需求。对此，我决定让公司走向下一个阶段，向电商进军，采用线上线下共同运营的模式。2019年5月，广西许三娘电子商务有限公司在南宁市创客城园区正式成立，象征着"许三娘"在品牌化的道路上又迈进了一大步。

我一直挂在嘴边的一句话是"陪伴是最好的礼物，用感恩的心做好品牌，用感恩的心陪伴家人"。如品牌名称所承载的意义一样，"许三娘"品牌创办的初衷是爱与亲情。公司期望的是，每个人在尝到海鸭蛋后能再一次感受到家的温暖，无论身在何方，无论何时何地，这一枚海鸭蛋如能成为某一个人的"小确幸"，那便是"许三娘"的"小确幸"。

2019年，我获得"合浦海鸭蛋优秀代言人"奖；2020年，"许三娘"海鸭蛋获得香港标准及检定中心（STC）的"正"印认证证书；2022年，公司入选合浦县"万企兴万村"行动实验项目；2023年，公司与广西壮族自治区供销合作联社签订战略合作伙伴协议。时至今日，"许三娘"旗下还设有"合浦县许三娘种养农民专业合作社""合浦县海之味食品有限公司"和"广西许三娘食品集团有限公司"等实体企业，实现了"公司+基地+农户+深加工+销售"的产业链条，依托当地优质的红树林和海洋资源放养海鸭，建设了13个海鸭养殖基地，倾力打造北海海鸭蛋标杆品牌。公司的产品热销全国各大城市，为一户户家庭提供优质产品和服务。客户的每一个称赞，都会成为"许三娘"的动力来源，使"许三娘"不断地进步和完善。对于公司来说，品牌发展的"长征"才刚刚开始。下一步，公司将研制、开发一系列无污染、原生态的产品，为广大客户提供更多的选择；同时，公司将继续坚持从源头抓生产，确保产品品质，努力把"许三娘"打造成北海海鸭蛋的品牌标杆。

创业感悟

年轻人创业，单靠情怀和一股冲劲是不行的。首先，要选择好创业的方向。想清楚在自己的能力范围内能做什么、喜欢做什么，要根据自己的能力、爱好等实际情况选择好创业的领域。其次，要坚持不懈。创业通常是从小企业做起，要先想方设法使企业活下去，而使企业活下去的基础是踏实稳步地发展。我曾见过一些创业的伙伴，他们在企业经营过程中遇到一些挫折就轻易改行，周周转转换了多个行业，结果什么都做不久、做不长，也就是所谓的"一身刀，没有一把锋利的"。因此，我们既然选择了就不要轻易放弃，坚持下去就有可能获得成功。

机会永远留给有准备的人，在创业时只要我们善于思考，紧跟市场需求和社会发展，总能找到商机。做产品就是做服务，只有踏踏实实做好产品，才能让顾客满意。“许三娘”品牌靠良好的品质和服务，在海鸭蛋市场占有了一席之地。我也祝愿更多的人能够守护亲情，实现创业梦想，振兴家乡。

案例评述

在事业单位有着一份稳定工作的许承华，毅然决定舍弃稳定的工作，回到生养自己的家乡成为一名“蛋农”，并创立了“许三娘”品牌，成为当地商业界的一匹黑马。

许承华的成功并不是偶然的，至少有以下几个决定因素。

（1）许承华是一个脚踏实地的人。大学期间，他就曾经利用课余时间在校团委做过干事，得到很多实践锻炼。参加工作后，他由于工作努力，勇挑重担，表现突出，得到了领导的赏识和同事的认可，很快被提拔。脚踏实地，是一个成功的创业者应具备的最基本的素质。

（2）许承华是一个善于开动脑筋、发现商机并抓住机会的人。他从村子里一位年高八旬、常年腌制海鸭蛋的阿婆那里获得了启发，发现了商机，最终把海鸭蛋产品做大做强。

（3）许承华是一个有着深厚情怀的人。一个优秀的创业者，也应该是一个有责任感的人，这样他才能在创业道路上走得更远。许承华的创业初衷源于想要陪伴母亲，以及对母亲的感恩之情和强烈的家庭责任感。

（4）许承华是一个有故事的人。每一个成功的品牌背后都有一个意味深长的品牌故事，“许三娘”品牌背后的故事，既包含了许承华对母亲的爱，又包含了对家乡的情，深深地感动和吸引着消费者。

（5）许承华是一个做事讲原则、注重品质的人。一个好的产品，最重要的是必须有过硬的品质。“踏踏实实做好产品”是许承华追求的目标，为了让海鸭产出优质的海鸭蛋，他深入钻研，大胆尝试，保证了产品的质量。

（6）许承华还是一个紧跟时代潮流的人。在依靠传统的销售方式取得一定成绩的时候，他及时向电商进发，采用线上线下共同运营的模式，使公司在品牌化的道路上又迈进了一大步。

许承华所具备的以上优秀的品质，助推了他创业成功。

随着乡村振兴战略的提出与实施，我国农村经济发展充满活力。近年来，国家和地方政府出台了一系列政策，提供了更多的就业机会，鼓励大学生下基层、到农村就业和创业。如今越来越多从乡村进城求学的大学生离开城市，返回农村就业创业 。

目前，市场要素双向流动、城乡之间流动更加活跃了。不仅是本土大学生返乡，也有很多海归到乡村去寻找创业机会，乡村、现代农业发展的空间仍然十分广阔。新时代大学生要积极到乡村就业创业，施展才华，做“新时代职业农民”，为乡村振兴做出贡献，提升自己的人生价值。

创业小知识

市场营销策略

市场营销策略是指企业以消费者需要为出发点，根据经验获得消费者需求量以及购买力的信息、商业界的期望值，并有计划地组织各项经营活动，包括产品策略、品牌策略、包装策略、价格策略、分销策略和促销策略等。

（1）产品策略是市场营销策略的核心，主要是指企业面向目标市场提供满足消费者需求的有形的和/或无形的产品，以实现其价值主张的策略。企业必须明确生产什么产品、为谁生产产品、生产多少产品。

（2）品牌策略是指企业利用品牌将产品和服务推广给消费者的策略。品牌有利于突显产品的独特性、塑造产品形象，有利于保护产品不被竞争者模仿，有利于订单处理和对产品的跟踪等。

（3）包装策略是指企业对其生产的产品进行包装，便于消费者识别出本企业产品的策略。包装最基本的作用是保护产品。设计良好的包装还有利于树立产品形象，彰显产品特色，吸引消费者的注意力；有助于消费者迅速辨认产品，给消费者信心。

（4）价格策略是指企业按照市场规律通过制订价格、变动价格来实现其营销目标的策略。产品价格需要根据市场分析结果、市场竞争需要与产品或服务本身的特点来确定。

（5）分销策略又称渠道策略，是指企业通过合理地选择分销渠道和组织产品实体流通等方式来实现其营销目标的策略。

（6）促销策略是指企业利用各种信息传播手段激起消费者的购买欲望，从而推动产品销售的谋略和方法。

（资料来源：李爱民，黎竹娟，王艳茹. 体育院校大学生创新创业指导［M］. 北京：北京体育大学出版社，2023：79-81.）

脚踏实地走好人生的每一步

谢海明

谢海明，男，广西体育高等专科学校2009届体育教育专业毕业生，广西海明餐饮管理有限公司负责人、大吉婚礼策划馆创始人。

在校学习成长经历

“我叫谢海明，毕业于广西体育高等专科学校……”这是13年前的五四青年节前夕，我作为2011年“广西青年五四奖章”获得者代表，号召青年“学党史、跟党走”发言的第一句开场白。那一刻我倍感自豪。

谢海明作为“广西青年五四奖章”获得者代表发言

2011年5月，谢海明（左）在广西人民会堂接受“广西青年五四奖章”颁奖

2007年9月至2009年6月，我就读于广西体育高等专科学校，虽然大学生活只有短短的两年，但学校对我的培养和教导让我至今难忘。在校期间，我担任过团总支书记、学生会秘书长、广播站站长等职务。为了能够更好地锻炼自己，学习之余，我就投入学生工作中。我先后被评为广西壮族自治区直属机关优秀团干部，校三好学生、优秀学生干部、优秀毕业生等。

2009年的大学生志愿服务西部计划（以下简称“西部计划”）招募志愿者工作于2009年5月启动，我得知后下定决心报名参加西部计划，因为到西部贫困的农村去做一名志愿者一直是我的梦想。但当时，我已在一所中职学校实习了两个多月，学校领导赏识我，同事和学生也喜欢我。为了挽留我，学校领导找我谈话，一谈就是一上午，但也没有说服我继续留在学校。学校领导问我：“在学校的发展前景这么好，你为什么还要坚持去西部贫困的农村？”我的回答很简单：“源于感恩，源于使命！”我说：“我是在农村长大的，我知道农村很需要志愿者的帮助，特别是西部贫困的农村，我是因为有好的社会环境才得以成长为一名大学生，国家有‘到西部去’的号召，我有责任、有义务去响应。”

我说服了家人，也婉拒了实习学校领导的盛情挽留，积极响应国家的号召，到西部去，志愿服务西部贫困的农村。

爱心奉献革命老区

2009年7月，我参加了西部计划广西项目办组织的新一届西部计划志愿者培训班。在培训班上，我了解了西部人民生产、生活的艰辛，知道了西部基层人才的匮乏，倾听了历届优秀志愿者感人的服务经历……这更加坚定了我服务西部的决心。

在豪情满怀的出征仪式上，在《到西部去》雄壮的歌声中，我从广西壮族自治区党委宣传部相关领导手中接过授旗，带着领导的嘱托，怀着年轻的梦想和激情，来到了当时集“老、少、边、山、穷、库”于一体的国家级贫困县——广西河池东兰县从事志愿服务工作。

2009年，谢海明参加西部计划出征仪式

根据组织的安排，我被分到东兰县发展和改革局工作。刚开始，我主要负责单位办公室的日常工作，无论是拖地板、抹桌子，还是写材料，我都是认认真真、踏踏实实地做好每一项工作。因此，我得到了服务单位领导的肯定，我开始参与服务单位的下乡检查和项目工程验收等业务工作。从此，服务单位就把我当作一名在编人员给我安排业务工作。当时的我，也成为大家公认的业务骨干。

2009年11月5日，由广西壮族自治区党委统筹，河池市委、市政府主办，东兰县委、县政府承办的韦拔群诞辰115周年纪念活动在东兰县隆重举行。这是东兰县的一次重大活动，对东兰县来说是一次大考验。我想，作为志愿者，我能为这次盛会做些什么呢？于是，我主动到广西壮族自治区东兰团县委（以下简称“团县委”）请缨，希望能够在系列活动的筹备工作中给我们志愿者服务队安排工作。最后，团县委决定把所有嘉宾的报到和接待、“一对一”服务、景点讲解以及应急工作全部交由志愿者服务队负责。11月2日，嘉宾陆续来到东兰县，我带领全体志愿者分布在全县的各个接待宾馆开始工作，工作一忙就忙到晚上12点多。11月3日凌晨4点多，还在梦乡中的我突然接到活动筹备组的紧急电话，让我迅速组织20名志愿者到活动地点布置现场。我顾不上洗漱，马上打电话联系志愿者服务队队友，赶去活动地点，我们一干就是三四个小时，个个累得汗流浃背。完成了现场布置，我们又匆匆跑回宿舍，简单洗漱后再返回宾馆，继续接待嘉宾，一忙又是一整天。我在带头做好工作的同时，还要不断给志愿者服务队队员做思想工作，鼓励大家高质量完成工作任务。晚上回到宿舍的时候，我才觉得自己的身体发烫、头昏昏沉沉的，意识到可能是因早上着凉而引起的感冒，我简单地吃了几粒感冒药就睡了，心想第二天就会没事的。但第二天，我的病情不但没有好转，反倒更加严重了。尽管如此，我依然以饱满的精神热情服务每一位宾客。直至傍晚，我突然昏倒了，被工作人员迅速送往医院，才得知我的病情是疲劳过度导致的。在医院打了几瓶点滴后，我感觉精神好了一些，不顾医生的劝告，坚持离开医院。因为我知道明天就是11月5日，我还要在当天以“东兰人”的身份给八方宾客讲解东兰县的风土人情和东兰县的革命历史。11月5日，韦拔群诞辰115周年纪念活动圆满举行，我们志愿者服务队的工作也圆满完成，当所有工作完成的时候，我才松了口气。

2009年，东兰县庆祝韦拔群诞辰115周年纪念活动，谢海明为嘉宾讲解东兰县革命历史

2010年初，东兰县遭受百年不遇的特大旱灾，群众的生产、生活受到了严重影响，全县8万多群众饮水告急。身为志愿者的我，马上问自己：“我能为受灾的群众做点什么？”于是，我提出带领全县大学生志愿者对全县的五保、农民工子女等家庭的受灾情况进行摸底调查，争取为抗旱救灾工作提供翔实的基础信息，同时重点服务五保、农民工子女等弱势

群体家庭。说干便干，我带领全县44名大学生志愿者成立了志愿者关爱弱势群体抗旱突击队，入户详细了解孤寡老人及留守儿童的受灾情况，并登记造册，做到“不漏一户、不漏一人”。从此，周末等休息日，我便组织志愿者送水到不通路的村屯。

2010年初，谢海明和他的队友为当地村民和学校留守儿童送水

2010年3月3日，我来到东兰镇那亨村弄科屯给村民送水。当我挑着水桶送到第三户人家时，屋里走出来一个小女孩。交谈中，我了解到这个小女孩叫小娟，当时8岁，父母长年在外打工，她和年迈的奶奶一起生活。“你怎么不去学校上学？”我问道。她说：“我听说今天有人来送水，所以奶奶说我们要留下来装水，要不就没有水可用了。”我对小娟说：“小妹妹，你以后不要因为这件事儿不去学校，以后哥哥会定期过来送水，而且哥哥向你保证，第一时间给你们家的水缸装满水。”几天后，我再次来到弄科屯，一进屯我就给小娟家挑去了一担水。这次到访时，家中只剩下奶奶一人在做家务，奶奶说小娟一大早就去上学了，还交代要告诉志愿者哥哥，她不会再“逃学”了。

在帮助群众解决临时用水难问题的同时，如何帮助群众正常开展生产更是当务之急。3、4月是广西的春耕时节。如果这个时期不春耕，将严重影响这一年的粮食收成。于是，4月1日，我带领大学生志愿者组成了耕田突击队和抽水突击队，到东兰镇那亨村的田间地头，帮助群众抢时耕种。10天的时间里，耕田突击队完成了那亨村5个队95户群众的共118亩原本已经龟裂田地的浇水、插秧工作。

在抗旱救灾工作中，我还利用网络呼吁社会各界爱心人士给受灾留守儿童捐资捐物。共为灾区儿童送去棉被320余床、衣服716套，以及价值1000多元的学习用品；为全县1503名受灾留守儿童和211名受灾孤残儿童解决生活用水355吨。

2010年7月，我负责对接服务国家女子篮球队著名球星郑海霞到东兰县参加的一个活动。郑海霞到东兰县的两天时间里，我一直陪伴左右，无论是对其生活的服务还是对东兰县风土人情的介绍，我都尽可能做到完美。我优质的服务得到了郑海霞的高度肯定，特别是当郑海霞得知我是一名从外地到东兰县服务的志愿者时，她特别感动地说："小谢太伟大了！我丝毫看不出你不是东兰人，你的服务让我一辈子都会记住东兰，记住东兰人民的热情和纯朴！"

2011年3月，在东兰县举办的首届东兰国际铜鼓文化旅游节上，我依然负责会务接待、嘉宾"一对一"服务，以及在东兰县铜鼓收藏馆为各级领导、各地嘉宾讲解的工作，我始终以一名"东道主"的身份服务好整个活动，我的热情好客、周到服务，得到了嘉宾的肯定和赞扬；我对工作一丝不苟、无微不至的态度，得到了东兰人民的肯定，他们将我视为地地道道的"本地人"。

东兰县是典型的大石山区，耕地少，外出务工是其农村大部分青年的主要选择，因此，全县留守儿童数量较多。近年来，农民工子女的成长备受社会关注。农民工子女因远离父母而严重缺乏父母的关爱，在心理和学习上都受到不同程度的影响。针对这个问题，我组织全县大学生志愿者与农民工子女结对，开展东兰县"亲情1+1"志愿者关爱农民工子女主题活动。大学生志愿者通过对农民工子女思想上的引导、心理上的疏导、学习上的辅导、生活上的教导，切实让农民工子女感受到家长般的温暖，首批68名典型的农民工子女得到了全县44名大学生志愿者的关爱。

牙小龙是东兰委荣小学五年级的学生，4岁时，因家庭贫困，父母为了生计外出广东打工，他一直和年迈的爷爷奶奶在一起生活。由于牙小龙从小缺乏父母的关爱，所以性格孤僻，学习成绩也不好，在校调皮不听老师的教导，在家不服爷爷奶奶的管教。2010年初开始，牙小龙成为我结对关爱的对象之一，我坚持每周去学校或去家里看望他一次，引导他半个月给父母写一封信和每周给父母打一个电话，并陪他做作业、玩游戏等，渐渐地牙小龙的性格开朗了，成绩也进步了，也听老师和爷爷奶奶的话了。

行动源于真心　付出必有回报

在东兰县志愿服务期间，我用自己的实际行动，在八方宾客面前成了一名优秀的"东兰人"；在弱势群体心中我成了他们最亲、最近的亲人；在抗旱救灾工作中我成了一名不怕险难的突击队员。哪里有困难，哪里就有我的身影。我先后荣获第八届中国青年志愿者优秀个人奖、第十四届"广西青年五四奖章"、广西西部计划优秀志愿者、河池市抗旱救灾先进个人等荣誉称号，并被聘为广西青少年成长成才导师，中央电视台、《中国青年报》、《广西日报》、《南宁晚报》等新闻媒体多次专题报道了我的事迹。

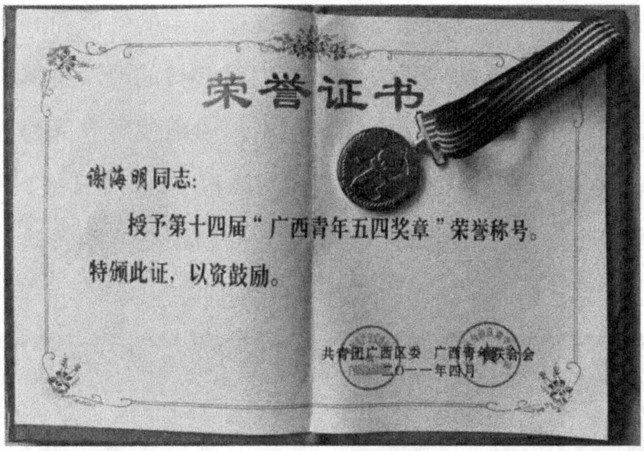

谢海明荣获第十四届“广西青年五四奖章”的荣誉证书

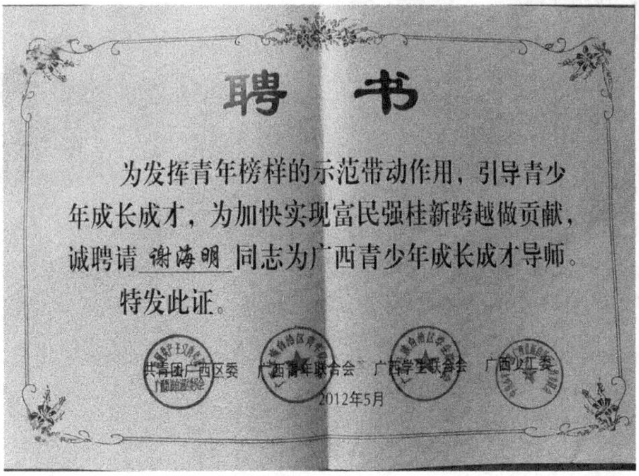

2012年5月，谢海明被聘任为广西青少年成长成才导师

初尝创业　获得惊喜

西部计划三年服务期满后，我回到了自己的家乡广西玉林博白县，在中国联通博白分公司工作。工作期间，由于表现出色，我每年都会代表集团总部参加全国通信行业运动会和全国QC论文发布会，先后荣获广西联通工会积极分子、共青团优秀工作者等称号。

我非常喜欢美食。上班之余，我会利用节假日制作一些家乡美食在朋友圈售卖，没想到我用心制作的美食很快得到了朋友们的肯定，不到半年的时间，我的微信好友从1000人增加到了5000人。浅浅尝试，却得到了不错的市场反馈。

于是，2018年我毅然选择辞去国企的工作。因为把家乡的美食推广出去，也是我的梦想。成为当地的美食博主后，我很快和家人开了一家餐饮店——明小厨美食馆。我们把博白产的上等沃柑融进我们的特色卷筒粉蘸料中，皮薄馅多的卷筒粉和有着沃柑清香的甜酸蘸料相互碰撞，取得了极其美味的效果。由于我们对食材的严苛挑选，对烹饪的讲究，以及客户至上的要求，明小厨美食馆的明小厨特色卷筒粉很快晋升为博白当地年轻人的“网红”美食，深受大家喜爱，中央电视台、广西新闻频道、《玉林日报》、博白电视台等多家媒体对此进行了专题报道。2022年，明小厨特色卷筒粉荣获广西餐饮文化博览会美食大赛小吃类金奖、米粉擂台赛金奖，并被评为玉林特色名小吃。

2020年初，中央电视台专题报道了谢海明的美食创业之路

谢海明（中）荣获2022年广西餐饮文化博览会米粉擂台赛金奖

创业之路　永葆初心

在创业的路上，我可以说是“无心插柳柳成荫”。除了推广家乡美食，我发现现在年轻人的婚礼越来越追求仪式感。最初，我是被邀请主持朋友的一场婚礼，接触到了这个行业。慢慢地，邀请我的人多了，我就想把它做成产业，于是便成立了大吉婚礼策划馆。没想到，经过几年的摸爬滚打，我们已经从一个婚礼行业“小白”走到今天的小有名气，每年我都受邀参加全国的婚礼人峰会，通过学习交流来提高自己的专业知识和了解每年的婚礼流行风向标。同时，我也将自己婚礼团队的骨干成员带到全国各地学习，通过不断的学习提升团队的婚礼服务质量。现在我们婚礼策划馆每年服务七八十对新人。通过团队的优质服务，为新人打造浪漫的婚礼，最后得到新人的认可，我们也很有成就感。

谢海明为婚礼客人承办的婚礼现场并主持婚礼

万事开头难，创业之初我也走了不少弯路，在没有人带领的情况下，采购进货、团队建设等都是自己一点一滴摸索出来的。我对自己的要求比较高，一开始我就按照行业的高品质设定我们的产品和服务，一直坚持走下来。所谓“一年入门，三年入行，五年懂行，十年成王”，无论做什么行业，都不会轻易成功，都会遇到很多困难，但最难得的在于自己的坚持。幸运的是，在大学学习和参加西部计划志愿服务的经历磨炼了我的意志，使我无论多么艰难，都一直坚持自己的创业初心，坚持做高品质的产品和服务。我坚信唯有品质过硬才不容易被市场和社会淘汰。我的经历相对而言比较丰富，但无论做什么，我都对自己所做之事满怀热爱。希望在不久的将来，我和我的家人能带着家乡的美食走得更远，脚踏实地将事业发扬光大。

案例评述

谢海明是一个勇于奉献、使命感强的人。在校期间，他不仅学习成绩优异，而且作为学生干部得到了老师和同学的信任和认可，荣获广西壮族自治区直属机关优秀团干部，校三好学生、优秀学生干部、优秀毕业生等诸多荣誉；在志愿服务西部计划工作期间，他赢得了单位领导、同事的赞赏和群众的认可，荣获第八届中国青年志愿者优秀个人奖、第十四届“广西青年五四奖章”、广西西部计划优秀志愿者、河池市抗旱救灾先进个人等多项荣誉，并被聘为广西青少年成长成才导师。这些丰富的历练和深厚的积累，为他创业铸就了重要的基础。

创业需要有使命感。谢海明在大学毕业之际，已有一个专业对口的工作机会，但他基于自己“源于感恩，源于使命”的理念，积极响应党和国家“到西部去”的号召，参加西部计划，服务期间工作成绩斐然。回到家乡，谢海明秉承推广家乡美食的使命感，毅然辞去国有企业的工作，投身创业。尽管谢海明创业行业与他的专业不一致，但在使命感的驱动下，他不畏困难，努力摸索行业规律，组建创业团队，想方设法创造新产品，坚持打造高品质的产品，利用多媒体平台渠道和行业竞赛打响产品品牌，参加行业峰会学习、交流经验，形成了别具特色的商业模式，赢得了消费者的认可，创业成功。

创业成功贵在坚定初心。谢海明的创业成功，就在于他永葆初心，无论是在求学、志愿服务上，还是在创业上，他都能坚定自己的初心，服务国家、服务社会、服务家乡，提出要“带着家乡的美食走得更远，脚踏实地将事业发扬光大”。可以说，谢海明不仅是一名成功的创业者，更是一名有辉煌前景的企业家。

创业小知识

创业者的优良品质

（1）诚信的品格。做事先做人，做人需诚信。真正成功的企业家都很看重诚信。

（2）创新意识。创新是市场竞争的不败法则，也是企业持续经营的永恒内核。创新意识、创新精神可以激发创业者的潜能，使其突破陈规。

（3）冒险精神。创业活动始终与风险、困难相伴，只有发现机遇并敢于冒险的人，才有可能创业成功。

（4）坚毅的性格。创业过程中遭遇挫折、失败都是常见现象，坚毅的性格和永不言弃的精神是创业者面对挫折、失败时能够坚持下去的精神源泉，是创业成功的必要支撑。

(5) 决断能力。创业成功的关键在于创业者能够迅速判断形势，并把握机遇做出决断。

(6) 务实的态度。创业是一项需要全身心投入的事业，只有具备务实的态度才能成功。

(7) 学习能力。对于创业者来说最重要的不是已经具备了多少知识和能力，而是还能够增长多少学识和提高哪些能力。

(8) 团队意识。创业者依靠个人影响力和魅力，凝聚创业团队，是创业成功的前提和基础。

（资料来源：广西课程教材发展中心，罗显克，蒋瀚洲．大学生创新创业教程［M］．桂林：广西师范大学出版社，2022：11-12.）

逐梦新时代　青春更精彩

蔡喜源

蔡喜源，男，广西体育高等专科学校2017届体育教育专业毕业生，广西铂尔曼体育文化发展有限公司董事长、南宁市兴宁区铂尔曼篮球俱乐部董事长。

心怀热爱赴山海，循梦而行芳华灼

2017年，我从广西体育高等专科学校毕业，进入南宁市山渐青学校工作，先后担任体育教师、后勤主任职务。然而，怀着对创业梦想的孜孜追求，2018年，我毅然放弃了稳定的教师工作，选择了自主创业的道路。

我凭借自己的体育专业知识，先从体育用品销售，篮球、游泳培训做起。但是，作为刚毕业不久的大学生，面对竞争激烈的市场，想要站稳脚跟并深深扎根市场，谈何容易？一次次的碰壁，一次次的失败，不但没有击垮我的进取心，反而成了我积累经验、奋勇向前的动力。在创业过程中，我面临诸多挑战。一方面，市场竞争激烈，如何在众多体育培训机构中脱颖而出成为一大难题；另一方面，体育行业对资金需求较大，如何在资金有限的情况下实现快速发展也是一大挑战。为了应对以上难题和挑战，我注重创新，提出了一系列解决方案。在培训课程设置上，我结合市场需求和学员特点，推出了多样化的体育培训课程，满足了不同学员的需求；在资金方面，我积极寻求合作伙伴，通过合作共赢的方式实现了资源的有效整合；在团队建设上，我深知团队的重要性，在招聘时，注重选拔有共同理念、具备专业技能的人才；在营销策略方面，我采用线上线下相结合的方式，通过社交媒体、网络平台、线下活动等多渠道进行课程推广……逐渐摸索出了一套创业的办法，使我在体育市场站稳了脚跟。

岁月定酬怀志者，功夫不负有心人

经过3年的历练，我取得了一定的成绩。2020年，我成立了第一家属于自己的公司——广西铂尔曼体育文化发展有限公司。我积极探索、大胆实践，使公司不断发展壮大，注册资本由起步的5万元提高到200万元。2021年，我又成立了南宁市兴宁区铂尔曼篮球俱乐部。昔日的书生已经成长为集体育设备销售、体育场地建设、体育场馆绿化工程、体育赛事编排、游泳池建设与经营等于一体的体育文化发展有限公司实业集团的董事长。

目前，广西铂尔曼体育文化发展有限公司经营有平南县雄森动物园——雄景水上乐园、南宁国悦九曲湾温泉水镇——水上乐园、南宁保利山渐青温泉水镇——水晶宫、南宁保利心语游泳池、南宁九曲湾室内篮球场、南宁保利山渐青篮球场等项目，拥有员工50多人。

不忘初心跟党走，牢记使命再出发

我积极向党组织靠拢，2021年5月，我光荣地加入中国共产党，成为一名共产党员。同年，我担任南宁市社会组织综合团委总支部书记，并在兴宁区民政局“两新”党组织关怀下成立铂尔曼篮球俱乐部党支部并任支部书记。我始终牢记自己共产党员的身份，以《中国共产党章程》严格要求自己，认真落实党的方针政策，强化党员意识，发挥先锋模范作用，自觉强化党性锻炼，切实提升履职本领，让岗位成样板，让行为成模范。铂尔曼篮球俱乐部先后被南宁市兴宁区民政局“两新”党委、兴宁区团委等单位授予“先进企业”“诚信企业”“青年文明号”等称号，我本人也被授予“党员先锋岗”“青年岗位能手”等称号。

蔡喜源（左3）带领支部党员学习党的二十大精神

蔡喜源参加党校培训学习

蔡喜源的“党员先锋岗”桌牌

铂尔曼篮球俱乐部党支部每年都坚持做公益活动回馈社会。2023年5月，铂尔曼篮球俱乐部党支部帮扶广西河池市大化县北景镇板兰村弄陆教学点大山里的留守儿童，送教下乡，和孩子们亲切共处、开展有意义的体育趣味游戏。我们还联合广西邕城小葵花爱心公益组织、社会各界成功人士和教练员送教下乡，积极开展公益教学、捐赠物资和书籍、慰问贫困老人等活动。

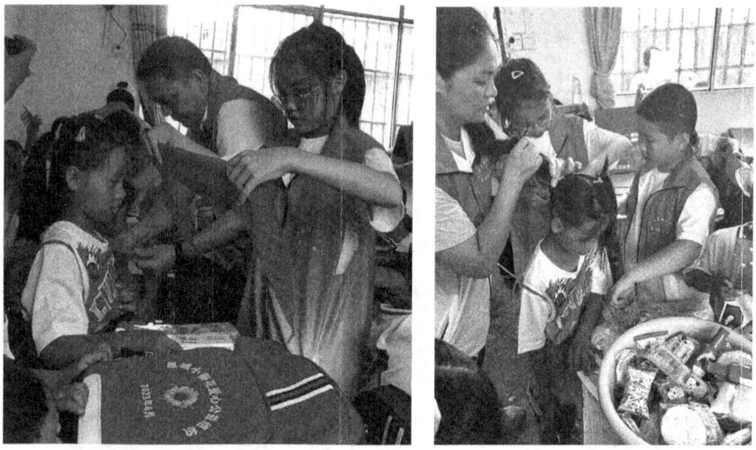

蔡喜源带领支部党员开展关爱留守儿童公益活动

创业感悟

在创业过程中，我总结了以下几点经验：首先，要明确自己的创业目标和理念，始终保持对事业的热情和信心；其次，要注重市场调研和创新，不断满足市场需求和学员需求；最后，要加强团队建设和管理，打造一支高效、专业的团队。

“雄关漫道真如铁，而今迈步从头越。”我将在创业道路上义无反顾、勇往直前，用

“青春梦”构筑自己的“创业梦”，为全民健身和体育产业发展贡献自己的力量。

案例评述

蔡喜源是一个敢于打拼、坚韧不拔、追求进步的人。大学毕业后，他找到了专业对口、稳定的教师工作，这对大多数人来说，就是心满意足的理想工作，然而，他毅然放弃，选择了自主创业。

创业是一种自我超越。蔡喜源怀揣创业梦想，孜孜以求，脚踏实地，不断进取，依托自身扎实的体育专业知识，选择了熟悉的体育领域，从小的项目做起，慢慢做大做强。面对激烈的市场竞争，哪怕数次经历失败，都没有击垮他的创业梦，反而淬炼了他敢于打拼的精神，使其形成了坚韧不拔的个人品质，实现了自我超越。在取得的诸多成绩面前，他没有止步不前，而是积极探索、大胆实践，不断延伸创业领域，个人事业越做越大、越做越强，逐渐在业内站稳脚跟。

创业成功还需要追求进步。蔡喜源在创业成功的同时，不断追求思想进步，积极向党组织靠拢，成为一名光荣的共产党员。他不忘初心、牢记使命，自觉强化党性锻炼，事事做表率，提升创业本领，积极参与扶贫帮困活动，开展公益教学、送教下乡等活动。追求思想进步和创业回馈社会，让蔡喜源选择的自主创业道路走得更宽、更实，不断筑牢“创业梦”，为想创业的广大青年提供了重要的借鉴。

创业小知识

大学生创业的意义

1. 大学生创业的社会意义

第一，为社会带来财富和价值。创业是增加社会财富的过程，一个企业的生产经营过程就是为社会提供产品或服务的过程。企业在生产经营过程中为满足人民生活的需要，提供更多的产品和服务，丰富市场，增加社会价值，且增加了国家的财税收入。第二，促进科技成果的直接转化。大学生创业与其他创业者最明显的区别在于大学生创业者自身掌握着更多的先进技术，而在现代企业竞争中，先进的生产技术和科学的技术手段是取胜的法宝。第三，创造就业机会，缓解就业压力。大学生创办的企业虽然规模上没有绝对优势，但是其工作岗位对文化知识的需求正好给了大学生更多的就业机会。

2. 大学生创业的个体意义

第一，促进自我发展，实现人生价值。在市场经济的熏陶下，许多大学生愿意通过创业来实现自己的人生价值。创业既可满足大学生崇尚自由与个性的特点，又能使大学生锻炼自身能力，发挥自身才能。在创业过程中促进自我发展，不断完善自我。第二，培养大学生的社会责任感。每一个时代的大学生都有时代赋予的社会责任，而当代大学生的社会责任是积极培养自己的创新意识和创新能力，投身社会主义经济建设，为实现中华民族的伟大复兴而努力奋斗。

（资料来源：曲振国. 大学生职业生涯规划与就业创业指导教程[M]. 西安：西安交通大学出版社，2015：293-294.）

用好专业特长　成就人生精彩

黄运仁

黄运仁，男，广西体育高等专科学校2016届户外运动专业毕业生，云南省文山市小灵猫攀岩馆首席执行官，中国科学院动物研究所野外技术顾问，广西体育高等专科学校休闲体育专业外聘教师。

实习学到新经验

2015年，我来到了被誉为“天府之国”的四川省省会成都实习，担任成都市青少年户外教育中心攀岩课程教练员，主要在金苹果公学、菱窠路小学、四川师范大学附属中学任外聘攀岩教师，负责上述三所学校的攀岩课、攀岩兴趣班教学和攀岩队训练。在实习期间，我学习到了攀岩进校园的授课经验，以及不一样的授课理念和上课的方式方法。

商业探路初体验

2017年，我前往浙江，开始从事商业攀岩工作。第一站来到浙江台州，我在一家商场从事商业攀岩体验服务。虽然之前有给青少年上攀岩课、带训练的经验，但是，第一次在商场里从事攀岩的商业运营，刚开始还是有些不太适应。在学校有相对充裕的时间来安排实践教学的每次攀爬路线，而在商场里面，顾客从支付费用到开始攀爬的时间间隔非常短，而且很多时候上一位顾客刚开始攀爬，就已经有下一位顾客在排队等待攀爬了。受时间限制，很难做到教好每一位顾客如何热身和如何攀爬，以及结束后如何进行放松等，且企业也需要在这宝贵的时间内创造更大的效益。刚接触这类商业服务，我还有些腼腆、害羞和拘谨，犹犹豫豫不敢开口“揽客”，后来经过领导的开导，以及接触了更多的顾客之后，我才慢慢适应了商业攀岩的服务工作。在工作中，我始终坚持在服务顾客时面带微笑，给顾客展现出自己的热情和专业性，慢慢得到了顾客和领导的认可。

2017—2019年，商业攀岩馆发展得很快，我所在的公司也从仅有1家攀岩馆迅速地发展到了拥有13家攀岩馆的规模，商业版图从台州拓展到了金华、温州、衢州、杭州、嘉兴等地，再后来还扩张到了上海、昆明、景德镇等省外城市。而我需要穿梭于这些城市之间，奔走于各攀岩馆之间，有时候一天要跑两三个省的四五个城市。我不仅要去考察场地、谈项目、拓新店，而且还要忙着对各攀岩馆进行运营指导、服务提升等各种工作。可喜的是，参与攀岩体验的人越来越多。攀岩人口不断增长，商业攀岩体验成为一种新潮流，为此台州市的某报社对这一现象还进行过采访和报道。

在这个过程中，我也完成了从攀岩教练员、储备馆长、馆长、攀岩馆工程监理、公司经理、公司总经理等角色的转变。

创业之路多曲折

一次，领导让我出差去云南昆明负责一个新的攀岩馆的设计、施工、前期运营等一系列工作，这个周期预计一个半月，忙完了我就可以回到总部。但到昆明后，我被这个阳光温和、四季如春、鲜花盎然、治安良好的城市深深吸引了。当所有工作完成后，领导让我回到浙江总部时，我果断拒绝了。因为，我喜欢上了昆明，想留在昆明，这一留便是3年。

在我所在的公司的商业攀岩发展得如火如荼的时候，我也想拥有一家属于自己的攀岩馆。刚开始我在公司品牌下的攀岩馆参股、投资。投资是有风险的，在取得效益的同时，也经历了一些挫败。在商场里开攀岩馆做好了，收益是非常可观的；没做好，也很容易亏损。在商场里开攀岩馆有两个不利的因素：一是商场合同到期后，存在不给续签的问题；二是有人进行不正当的竞争。这两种情况非一己之力可以改变，若遇到只能把会员费用退清，把攀岩馆拆除，最后撤场。秉承诚信经营的原则，每次碰到不得不撤场的时候，我们都会主动发布通知，并联系会员进行退费。

工作中的黄运仁（1）

2023年，我前往“三七之乡”——云南省文山市，并在那里投资建造了文山市首家攀岩馆——文山市小灵猫攀岩馆。小灵猫攀岩这个品牌是我自己创建的，虽然目前经营状况没有预期好，但也是我在攀岩事业上迈出的一步。

参与重点野生动物保护工作

2015年，一次偶然的机会，受中国科学院动物研究所邀请，我去西藏参加了猛禽的科研保护工作。现在我对此仍记忆犹新，在阿里无人区深处的一条冰河上，我在危险重重的冰河上用行进、攀岩、崖降一系列行云流水的操作，完成了中国科学院动物研究所博士们都觉得不可能完成的任务，为此我受到了他们一致的好评。中国科学院动物研究所的詹老师对我说："小黄，如果没有像你这样的攀岩人才，我们是没办法进行这些科研项目的，西藏猛禽保护的第一手资料是掌握在你手中的。"2015年至今，我跟随着中国科学院动物研究所的步伐先后深入被誉为"生命禁区"的阿里无人区、羌塘无人区腹地和三江源保护区腹地进行以猛禽保护为主的一系列科研活动。除了环境恶劣的青藏高原，我们科研考察的足迹还到过云南的高山河谷、河南的山区密林、海南的海岛绝壁等地方。当然，我一个人的力量是非常有限的，在相互推荐下，还有韦磊、黄荣、张扬记、莫贤声等广西体育高等专科学校的校友，参与了中国科学院动物研究所的科研活动。

工作中的黄运仁（2）

回母校授课

受母校邀请，2023年国庆节刚过，我一人驱车从云南星夜兼程赶回母校，给大一新生上课。虽然离校多年，久未上讲台，但是我对户外运动的那一份热爱愈发强烈。所以，在给学弟、学妹们上课时，除了刚开始的紧张以及有些上课方式不太科学外，其他方面还在可把控状态。在经历了第一周课程的场地冲突、个人角色调整后，从第二周开始，我就进入了状态，课堂的氛围也越来越好。很感谢母校给了我这份信任，我用母校教给我的知识，结合多年在外地的学习积累，让户外知识在母校薪火相传。我不负母校的信任，与各位老师共同探讨，与学弟、学妹们共同进步。

感悟与建议

一是学校所学，日后有用。在校学习的过程中，理论知识要掌握牢固，专业技能要掌握扎实。机会是留给有准备的人的，机遇难得，当你碰到一些机会的时候，你的理论知识和专业技能在很大程度上决定了你能否抓得住、握得牢。

二是不积跬步，无以至千里。一步一个脚印，只有走稳了才能在合适的时候跑起来。人生如长跑，作为体育院校的学子更应知道长跑不是一蹴而就的，是需要耐力，慢慢加速，然后才能成功冲刺到终点的。中途摔倒可能会很疼，你需要站起来抚平伤痛。当然如果这条路实在走不通，你可以换一条路走，但是无论如何请不要放弃自己！

三是懂得分辨，学会感恩。大学生阅历相对较浅，在面对金钱等诱惑的时候，难以分辨是陷阱还是康庄大道，这个时候应多问问家人或者老师，正所谓“当局者迷，旁观者清”。同时，对于在成长历程中给予你帮助的人，要心怀感恩。

案例评述

黄运仁学以致用，充分发挥所学专业特长，不断实践探索，一步一个脚印，积累社会知识和商业经验，逐步看到了商机，找到了创业的方向和途径，并积极尝试，且小有成就。在创业道路上取得成功的同时，他不忘回报母校，返回母校教学，把自己的经验传授给学弟、学妹。黄运仁取得成功的经验表明，机会是留给有准备的人的，大学生在校要把专业知识掌握扎实，积极参与社会实践，同时还要善于抓住机会，脚踏实地，不断探索，成就自己。

创业小知识

创业人生与创新创业规划

从创业人生的视角分析，创业首先是一种精神、一种认识，一种不满足于现状、敢于创新并承担风险的精神，一种在考虑资源约束的情况下把握机会、创造价值的认识。从广义的角度来看，创业可以理解为一个人根据自己的兴趣、所学专业、能力等选择适合自己的事业（可以是创办企业、创办非营利的事业等），并把握机会，为这个事业的成功整合资源、付诸努力，最终实现自己人生目标的过程。在进行创业规划时，创业者要树立正确的创业观，创业者既要努力实现个人价值，也要考虑社会价值的实现；创业者要处理好创业与职业生涯发展的关系，把专业知识和职业技能创造性地运用到经济社会发展中去；创业者在服务国家、服务社会、服务人民的同时也能够实现自我的价值。

对于一个立志创新创业的人来说，要制订一份好的规划，应该把握三个主要内容，即自己能够做什么、社会需要什么、自己拥有什么资源。因此，创业者有必要进行自我分析、环境分析和关键成就因素分析。

1. 自己能够做什么

作为一个创业者，只知道自己想干什么是不够的，更重要的是应该知道自己能做什么、能做到什么程度。当然，这也是相对而言的，因为一个人的潜能发挥是一个逐渐展现的过程。但是，一个人对自己的兴趣、潜能有一个基本的认识是做好创新创业规划的重要前提。

2. 社会需要什么

一个人在明确自己想做什么、能做什么的同时，还应考虑社会的需要这一重要因素。如果一个人所选择的创业领域既符合自己的兴趣又与自己的能力相一致，却不符合社会的需要，那么这种创业的前景无疑会变得暗淡。由于分析社会需要及其发展态势并非易事，因此，在选择创业目标时，应该进行多方面的探索，以求得出客观而正确的判断。

3. 自己拥有什么资源

要创业就要积累各种各样的资源。创业者应该清楚地审视自己所拥有或能够使用的一切资源的情况，判断现有资源是否足以支持创业的启动和确保创业成功之后的持续运行。这里所说的资源，不仅指创业资金，还包括社会关系，即通过自己既有人际关系以及既有人际关系的进一步扩展所能带来的各种具有支持性的因素。

创业规划必须将个人理想与社会实际有机地结合，创业规划能够帮助一个人真正了解自己，并且进一步评估内外环境的优劣势，从而设计出既合理又可行的职业或事业发展方向。创业者只有使自身因素和国家经济社会发展因素达到最大程度的契合，才能在现实中发挥优势、避开劣势，使创业规划更具有可操作性，更能成就出彩的创业人生。

（资料来源：李爱民，黎竹娟，王艳茹. 体育院校大学生创新创业指导［M］. 北京：北京体育大学出版社，2023：25-26.）

山重水复疑无路　柳暗花明又一村

刘径宏

刘径宏，男，广西体育高等专科学校2011届体育教育专业毕业生，广西南宁市“循证康复之家”创始人、首席物理治疗师。

在校学习成长经历

2008年9月，我心里充满着对未来的憧憬踏入广西体育高等专科学校的校园，感受丰富多彩的大学校园生活。大一的时候，我兴致勃勃地加入了学校的裁判协会，参与了一些校内外的体育竞赛裁判工作；大二的时候，我担任了裁判协会会长；大三的时候，我加入了学校田径队，备战2011年举办的广西壮族自治区第七届大学生运动会，在时任校田径教研组组长罗建达老师的指导下，经过刻苦训练，我荣获了该届大学生运动会男子甲组铅球、铁饼双料冠军。这份来之不易的荣誉给我的大学生活画上了一个圆满的句号。

就业历程

2011年9月，我通过应聘进入中国移动通信集团广西有限公司南宁分公司从事营业员工作。一开始踌躇满志的我，由于专业不对口，在工作中越来越迷茫，于是2012年初我选择了离职。

2012年3月，机缘巧合，我应聘到一份与自己专业对口的工作，在南宁市第三十七中学担任体育老师。做自己本专业的工作，虽然薪水不高，但每天过得很充实，工作也愈发游刃有余。工作之余，我仍然坚持每天进行各种体适能训练，一方面想更好地保持自己各方面的运动能力，另一方面也是一种备课，做到温故而知新，把实践的收获运用到教学中。

突如其来的变故

在日复一日的训练中，由于不注意休息和保养，2012年11月，我被诊断患有腰椎间盘突出症，从此，我从一个体魄强健的人一下变为日常行动受限的人。特别是入冬之后，天气骤冷，症状就会进一步加剧，可谓身心煎熬！有同事告诉我腰椎间盘突出症需要做手术才能根治，我顿时很焦虑，因为一直以来，我对手术有很深的恐惧感。在同年12月的一天，我在QQ空间里偶然看到一位学弟发的一条关于推拿按摩治疗颈肩腰腿痛的信息。这位学弟是我们广西体育高等专科学校运动医学系（现运动康复学院）体育保健专业的优秀毕业生，名叫吴山福，师承“白氏推拿”创始人——广西体育高等专科学校运动医学系的白宗谋老师。他大学毕业后自行经营了一个颈肩腰腿痛康复工作室，并继续跟随白宗谋老师学习深造。于是，我果断决定去找学弟吴山福为我治疗腰椎间盘突出症。

心念一动新尝试

经过吴山福学弟一段时间的治疗，我的腰椎间盘突出症的症状逐渐减轻了。就在治疗期间，我本能地心念一动，竟然有一股也想学习这门技艺的冲动，便提出了拜师学艺的请求。2013年2月，经过两个多月的治疗周期，我的腰椎间盘突出症的症状完全消失了，身体得到痊愈，同时也顺利地成了吴山福学弟的门生，成为白宗谋老师门下的一员。接下来的日子，我白天上班，工作日的晚上以及周末频繁地跑到吴山福学弟的工作室学习，从理论知识到临床实践，系统地学习了相关理论和技术手法。

我父亲是一名外科医生，自从我开始学习推拿按摩这门技术后，他也给予了我很多医学专业理论方面的指导，从人体解剖到医理病理乃至医德教育，使我醍醐灌顶。也许是因为出生在医生世家，从小到大的耳濡目染和基因传承使我学习起来很顺利。随着时间的推移，我对这门技术的掌握越发熟练，渐入佳境，还悟出了不少属于自己的心得，在物理手法治疗颈肩腰腿痛以及运动损伤方面，我也积累了一定的经验技术、人脉和口碑。

蜕变

时间转眼来到2018年7月，我抱着对诗和远方的向往，辞去了教师这份“铁饭碗”的工作，开了一个颈肩腰腿痛康复工作室，同时快马加鞭地考取了相关专业资格证书，实现了由体育教师到物理治疗师的转型，全身心地投入康复医学事业。

2020年10月，一个偶然的机会，我受到中国田径协会的邀请，去国家田径队竞走组担任随队医生备战2020年东京奥运会。这是一次检验我能力的重要机会。在国家田径队，我服务了2012年伦敦奥运会男子20公里竞走冠军、奥运纪录保持者陈定以及2016年里约奥运会女子20公里竞走冠军刘虹。在不影响正常备战训练的情况下，我对重点运动员进行了系统、严格的康复治疗。可喜的是，刘虹夺得了2020年东京奥运会女子20公里竞走铜牌，作为幕后保障工作人员，我倍感荣耀，并更坚定了我努力走下去的信心，我立志为更多的优秀运动员治痛解疾。

刘径宏（左1）与2012年伦敦奥运会男子20公里竞走冠军陈定合影

刘径宏（右1）与2016年里约奥运会女子20公里竞走冠军刘虹合影

荣誉证书

刘径宏

您在2021年度工作中，成绩突出，得到大家一致认可，被评为国家田径队2021年度

“优秀医疗保障人员”

特发此证，以资鼓励。

签发单位：

签发日期：2021.3.28

荣誉证书

刘径宏

您在2020年度工作中，成绩突出，得到大家一致认可，被评为国家田径队2020年度

“优秀医疗保障人员”

特发此证，以资鼓励。

签发单位：

签发日期：2020.12.18

国家田径队给刘径宏颁发的“优秀医疗保障人员”荣誉证书

心灵感悟

2021年4月，结束了国家队备战奥运会的工作后，我回到了南宁，正式开设了“循证康复之家”工作室。备战奥运会的工作经历，使更多有运动损伤的运动员、运动爱好者，患颈肩腰腿痛的人慕名前来找我做康复治疗，我也因此收获了丰富的康复治疗经验，我的专业能力有了进一步的提升。接下来我的目标便是本着工匠精神，继续脚踏实地地做好每一次治疗工作，无论在事业还是专业上，都能不忘初心，砥砺前行！

刘径宏在给运动员做康复治疗

案例评述

刘径宏在大学期间就担任社团干部，提升了自身综合素质和能力。经过刻苦训练，在大三毕业时拿到了广西大学生运动会的双料冠军，为自己的人生树立满满的自信心，为走入社会奠定了坚实的基础。

先就业，再择业。刘径宏毕业后没有好高骛远，为尽快就业，他首先找了一份虽与专业不对口但是能养活自己的工作。工作一段时间，积累了对社会和工作的一定认识后，他找到了一份与专业对口的体育教师的工作。

按常理，有了这份专业对口的工作，他就可以安定下来了。但是命运的安排却让刘径宏逐渐走上了创业的道路。在找学弟给自己治疗腰椎间盘突出症的过程中，刘径宏发现自己也可以学习这项技术，且经过努力可以做得更好。于是，他毅然决定自主创业，经过一段时间的学习积累和用心经营，他取得了初步成功。

刘径宏从就业到创业的成功看似偶然，却也是必然。一是刘径宏自身的优秀品质是他取得成功的基础。在大学时他就培养了勤于实践、不畏困难、虚心好学、不耻下问、敢于拼搏的优良品质。二是大学母校为刘径宏的成功创造了良好条件。刘径宏在学弟身上受到启发并得到指导，后来又得到老师的培养与帮助，为刘径宏学习掌握推拿按摩技术提供了必要条件。三是家庭环境影响对刘径宏的成功产生了积极作用。在作为外科医生的父亲的教育和帮助下，刘径宏如鱼得水，最终成就了他的事业。

创业小知识

创业资源整合

创业资源整合是一种战略能力、一种进击能力。任何一个创业者不可能把创业中所涉及的所有问题都解决好，也不可能把一切创业资源都备足，这就需要进行资源整合。资源整合的原则是在创业中借势发展，巧用资源，优势互补，实现双赢。创业者刚刚开始创业，往往资金不足，资源缺乏，没有经验，不会经营。在这种情况下，资源整合理念使他们能放眼看到现代企业的发展趋势，把握崭新的创业理念，并能以此为武器，去进行各种创业要素的整合，从而开拓自己的未来之路。这种创业意识必将成为创业者快速崛起的一种武器。

（资料来源：曲振国．大学生职业生涯规划与就业创业指导教程[M]．西安：西安交通大学出版社，2015：300.）

总结经验教训　找准方向前行

龙胤泽

龙胤泽，男，广西体育高等专科学校2016届新闻采编与制作专业毕业生，麻栗坡影驰文化传媒有限公司法人。

在校学习成长经历

2013年，我来到广西体育高等专科学校，开启了我的大学生活。经过两年多新闻采编与制作专业课程的学习，大三下学期，我来到云南省文山壮族苗族自治州西畴县电视台实习。我开始对自己未来的职业发展进行思考，并重新审视课堂所学，对自己的专业特别是摄像和后期制作产生了浓厚兴趣。

初尝创业的甘甜与挫折

2016年毕业后，我入职文山新画面文化传媒有限公司，负责摄像和后期制作。凭借实习的经历，以及对市场需求的了解，我工作起来得心应手。一年后，鉴于对传媒行业的热爱，以及积累的经验和资源，我决定自主创业，与志同道合的同事在当地共同成立了一家文化传媒有限公司，主营业务为视频拍摄、制作和推广。

为提升公司的知名度和业务水平，我带领团队积极参与行业交流，不断学习先进技术。与此同时，我们还与多家企业建立战略合作，拓宽业务领域。在为企业实现品牌传播和产品推广的同时，我们也赢得了市场的认可和客户的信赖，成为当地最具影响力的传媒企业之一。

然而，正在公司蓬勃发展、取得不错业绩的时候，由于合伙人的经营理念不一致，公司面临危机。

总结经验，东山再起

面对挫折，我并未气馁，反而从中找到了自身的不足，认识到创业的不易。

经过深思熟虑，我作出了一个重要的决定：我要再次启程！经过一段时间的筹备，我在麻栗坡县独自创立了麻栗坡影驰文化传媒有限公司。公司的业务范围从单纯的影视制作，逐步扩展到广告制作、会场搭建以及政府和企业采购等领域。至今，公司已经成功完成了50余部MV、宣传片、专题片、动画等作品。此外，公司还承接了众多大型活动的会场搭建业务，为政府和企业提供了广告展板制作等服务。值得骄傲的是，公司的年营业额已经从最初的几十万元稳步增长到了现在的200多万元。

龙胤泽自创的公司揭牌

工作中的龙胤泽（1）

工作中的龙胤泽（2）

第二次创业，是我在认真总结经验和吸取第一次创业失败的教训的基础上，重新出发、从零开始的。我认为创业不仅要脚踏实地，不断提升专业技能，坚定创业决心，而且还要学会管理团队和沟通合作。

创业的道路并不总是一帆风顺的。在公司的运营过程中，我遇到过许多困难和挑战，如辛辛苦苦培养出来的员工在学会技术后便离职等情况。但我始终相信，只要坚持不放弃，一定能找到解决问题的方法。在公司逐步走上正轨之际，我虽深感创业不易，却也觉到值得，因为通过创业，我实现了人生价值，更为社会创造了价值。

创业感悟

回首创业历程，我感慨万千。对专业的情怀与梦想，如同源源不断的动力，推动我前行。我不断在失败和挫折中吸取教训，寻找解决问题的方法。我坚信，只要坚持下去，一定能在创业道路上走得更远，人生也将更加丰富多彩！

案例评述

龙胤泽在实习和工作中，逐渐建立起了对市场的了解，萌发了创业的想法，在积累了一定的经验和资源后，开启了创业的旅程。然而，创业的过程并非一帆风顺，困难、挫折和挑战在所难免，但是他善于在挫折中找到自身不足，总结经验，吸取教训，及时找到正确的方向。对专业的情怀与梦想，推动他坚持下去，不断前行，最终实现了人生价值。

创业小知识

风险意识

创业过程是一个充满风险、艰辛与坎坷的过程，也是一个充满激情与喜悦的过程。如何规避与防范可能出现的创业风险，使创业能够顺利进行，尽快赢得第一桶金，是每一个创业者十分关注的问题。

选择项目阶段，不熟悉相关的政策、法律、法规，可能会产生一定的风险。创业者要认真分析自己在创业过程中可能会遇到的风险，一旦这些风险出现，应该知道如何应对和化解。大学生是否具备风险意识和规避风险的能力，将直接影响其创业的成败。

（资料来源：张慧青．大学生创新创业指导 [M]. 2版．北京：中国财政经济出版社，2024：54-55.）

展翅飞翔　无所畏惧

骆万全

骆万全，男，广西体育高等专科学校2017届体育教育专业毕业生，广西飞鲨体育文化传播有限公司董事长。

在校学习成长经历

2014年9月，我怀揣着对大学生活的期待，来到广西体育高等专科学校学习。大学的第一个学期，我想通过担任学生干部得到更多的锻炼，经过竞选我当上了班长。虽然我的学习成绩不是特别优秀，但是老师布置的工作任务以及班干部日常工作，我都能圆满地完成。大学期间，我热情服务同学和协助老师处理事务，并积极参加各种实践活动，得到了很多锻炼。

一路风霜与热望

我人生的第一职业理想是做一名人民教师，让每一位孩子都能沐浴教育的阳光，尽享书籍的芳香。大三的时候，我选择了在南宁市第十八中学实习。在半年的实习期内，我感受到了教师这个职业的艰辛与不易，虽然神圣，但我觉得自己的性格并不适合做教师。于是，我萌生了创业的想法。

实习结束后，我在一家公司找了一份游泳教练员的工作，通过不到一年的努力与学习，我从一个小小的助理教练员升到了中层管理人员。然而，好景不长，我所在的这家公司进行了机构改革，撤销了一些店面，我便递交了辞职信。

从公司离职之后，我怀揣着自己的创业梦想，回到老家。通过多方考察，2018年初，我与朋友合伙加盟了一家餐饮店。创业初期，为了节省每单一两元的配送费，我们就亲自送餐。我们每天凌晨去菜市场买菜，然后洗菜、烹饪菜品，做好后又马不停蹄地骑着电动车送餐，每天穿梭在厨房和车水马龙的街道之间。然而，就在店里生意慢慢步入正轨时，有人在我们店旁边开了一家一模一样的店铺。他们为了抢占市场，不惜压低价格。因为营销问题，我与合伙人出现了不同的意见，渐渐产生了分歧。在苦苦支撑半年后，我们选择闭店，就这样我的第一次创业以失败告终。

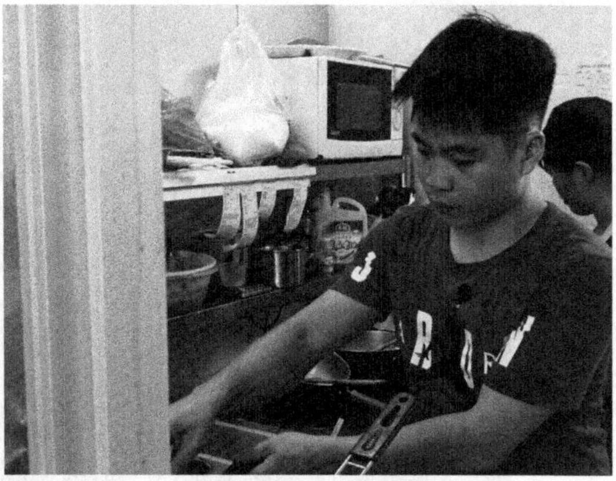

骆万全在餐饮店工作

第一次创业的失败，并没有击垮我的信心，我认真分析了失败的原因，总结经验教训。经过一段时间的考察，我又决定与另外两个朋友一起投资经营驾校。由于缺乏相关工作经验，驾校开张的第一个月，我们才招到一个学员。为了让更多的人了解和熟悉我们的驾校，我们就去人多的地方举广告牌做宣传，或是在一些高校举办运动会的时候，以赞助商的身份到学校宣传。然而，由于对驾校这个行业的了解较少，我们的驾校处于生死存亡的边缘。

启航新征程，逐梦再出发

为了拓展创业渠道，我们一边继续经营驾校，一边考察其他项目。最终，在进行充分的市场调研之后，2019年12月，我变卖了所有家当，倾其所有，拿到了百色平果市恒大城健身游泳会所项目的经营权，创立了广西飞鲨体育文化传播有限公司。

在完成场地整改后，公司资金已经捉襟见肘。为了节约开支，我和5名同事在授课的同时又去兼职救生员工作，没有教学任务的时候就外出招生，每天早出晚归，下班后自己清理卫生，每天忙到晚上9点多才吃上晚饭已成为常态。为了节省时间，我们下班后就在公司打地铺休息。

“守得云开见月明”，辛勤的付出得到了回报，公司的经营逐渐进入正轨，于是，我们决定按照计划一步步把公司做大做强。2021—2023年，我们先后与百色恒大悦澜湾、北海恒大雅苑、南宁恒大帝景等5家会所签约。

目前，公司注册资金为500万元，旗下拥有8家分公司，分布在南宁、北海、桂林等城市，在职员工90多人。公司主营游泳教练员培训和健身教练员培训等项目，其中健身教练员培训累计辐射4万余人，游泳教练员培训则累计培养毕业生2万多人。健身教练员培训作为公司未来发展的重点，现每月为社会提供健身指导员60余人，其就业率高达100%。

广西飞鲨体育文化传播有限公司员工合影

广西飞鲨体育文化传播有限公司员工团建活动

创业感悟

创业之路是艰辛的，但只要心中有梦想，脚下就有千条路。机会总是留给有准备的人，我们在上路时，要多备“干粮”，多储备各方面的知识，多积累经验。如果创业失败，别气馁，继续坚守初心，稳扎稳打地去开辟一条新路；如果创业成功，不要过分看重经济利益，否则可能会使你远离所要实现的目标。同时，我们要学会感恩，感恩所有帮助过我们的人，感恩母校、感恩社会、感恩国家。

案例评述

骆万全是一个认真执着的人，在校期间就通过竞选当了班长。他热情服务同学，协助老师处理事务，并积极参加各种实践活动，得到了很多锻炼。

骆万全曾经憧憬成为一名教师，但最终却没有选择这条道路，原因不是他做不到，而是通过实习他发现自己的性格不适合做教师。从他后面的经历来看，选择放弃教师工作的原因与其说是“性格不适合”，还不如说是他的“兴奋点”不在于此，他始终怀揣着自己的创业梦想。

兴趣是最好的老师，梦想是远行的动力，创业更是如此。正如骆万全所说的：“只要心中有梦想，脚下就有千条路。”有了兴趣和梦想，就会“乐此不疲”。“机会总是留给有准备的人”，随着经验的积累和不断努力，创业最终一定会走向成功。

骆万全创业成功不是偶然的，正是他的梦想和执着，他的勤于钻研、敢于吃苦，加上他“败不馁，胜不骄”“稳扎稳打”的个性，以及不过分看重经济利益和心怀感恩的心态，成就了他的事业。

创业小知识

创业环境

创业环境是指创业者在进行创业活动的过程中，影响和制约其创业行为的内外部条件。创业环境是多方面因素相互交织、相互作用构成的综合体，是一系列概念的集合体，是各种因素综合的结果。正确认识和了解创业环境是创业的前提。

创业是一种社会活动，创业与环境的关系从本质上而言就是人与社会的关系，创业的环境实际上就是通过人与社会的相互作用、双向构建而得以实现的。创业环境包括宏观环境、行业环境和微观环境。

（1）宏观环境。宏观环境又称总体环境，是指那些给企业造成市场机会或环境威胁的主要社会力量，内容包括政治、经济、社会、技术、自然和法律等因素。

（2）行业环境。行业环境是指提供同一类产品（服务）或提供具有可替代性产品（服务）的企业群。

（3）微观环境。微观环境是指企业的顾客、竞争者、营销渠道等对企业营销活动有直接影响的各种因素。

创业活动是在一定的社会环境下进行的，大学生创业也面临着巨大的环境空间，在这个空间里，诸多实物和要素互动联系，在碰撞中形成了现实的创业环境系统。

（资料来源：刘珍杰. 大学生职业发展与就业指导新编[M]. 上海：同济大学出版社，2020：214.）

我与锋翔体育的成长历程

黄琳盛

黄琳盛，男，广西体育高等专科学校2020届体育教育专业毕业生，钦州市锋翔体育发展有限公司董事长，钦州市林盛生物能源科技有限公司董事长、法人。

怀揣梦想　笃志前行

2017年9月，我怀揣着梦想，来到了梦寐以求的大学，有自豪，同时也有自卑。自卑的原因：一是我跳不高、跑不快，也抛不远，体育技能一直是我的短板；二是相比于很多同学，我的经济条件并不好；三是我的个子也不高，皮肤还有点黑。

虽然我有些许自卑，但是我不自轻。开学初，在新生军训中，我主动协助教官完成军训任务。由于表现出色，我荣获了“军训标兵”的称号。

这次军训点燃了我的自信。为了提高自己的沟通能力、人际交往能力等，我在大学期间主动参加各种志愿者活动并多次获得“优秀志愿者”称号。另外，在老师的指导下，我积极参加各类比赛，并考取了计算机一级证、游泳救生员证、社会体育指导员证等证书。2019年，在学校和学院领导、老师的指导、鼓励下，我代表学校参加了2019广西壮族自治区师范生教学技能大赛，并荣获三等奖。

黄琳盛（右1）参加2019广西壮族自治区师范生教学技能大赛

初试创业　初尝甘甜

2017年寒假回家，我和高中同学用500元的启动资金成立了钦州市锋翔体育培训俱乐部。因为缺乏资金，我们只能选择在公共场所“营业”，公共场所“营业”受场地和天气等因素的影响和制约。还记得俱乐部第一次“营业”时，只有3名学员。在失望与尴尬的同时，我们本着认真负责的态度上好每一节课，不仅教学员技术、技能，还教他们为人处世的道理。我们的口碑一传十，十传百，不到一个月的时间，学员从最开始的3名增加到42名，这个转变更加激发了我们对这份事业的激情。接着，我们用所有的积蓄租了一个室内办公场所，成立了锋翔培训中心，开设中考体育周末培训班。那段时间，我们迎来了创业后的第一波高潮，中考体育学员多达120人。从那时起，我每周五下午下课后，乘坐最快的一班动车去钦州给学员培训，周日再乘坐最后一班动车返回南宁回校上课。2018年11月，随着钦州小董镇中考体育培训市场的逐渐饱和，我承包了钦州市区一个小区的室外篮球场开设小学生篮球培训、中考体育培训，此时，培训中心的学员总数已达300人。

2019年5月，公司又承包了小董镇幸福游泳馆，开展游泳教学培训，暑假培训人数达200人。随着办学规模的扩大，中考体育培训、篮球和游泳项目学员的数量不断增长，我们急需寻找合作伙伴。经过多方考察，最终我们选择与钦州市致胜教育咨询服务有限公司合作，双方就锋翔体育品牌加强合作，利用自身资源，最大化地拓展业务。2019年8月至2020年1月，锋翔体育新增8个道馆，与14所中小学、幼儿园合作开展校内体育活动，累计学员达6000人。

黄琳盛签订游泳池承包合同

腾挪跌宕　一波三折

2020年1月，受新型冠状病毒感染疫情（以下简称“新冠疫情”）的影响，教育机构停止一切线下教学，我们被迫关闭了大部分的道馆和场地。

当时面临毕业实习的我，为了学习先进的管理经验，选择到某知名公司担任救生员和教练员。利用工作的空暇，我认真钻研体育俱乐部和大型企业的管理模式。在一次市文旅局来我们公司检查中，我利用急救知识为我们公司的健身房赢取了四星级文化场所的称号，也为我自己赢得了副馆长的职务。

随着各行各业逐渐复工复产，我辞去副馆长职务，全面恢复锋翔体育培训中心的业务，还与先前实习的某知名公司建立了联盟体系，以多种方式开展合作，并增设幼儿园篮球培训、锋翔真人CS基地等业务，以零成本创建了一套健身、娱乐方式，同时与周边的幼儿园达成教学合作，月收入达30多万元。

2020年9月，随着教育部门出台了课后服务相关文件。我们严格落实文件精神，取消了与幼儿园的直接合作，锋翔体育培训中心一次性退还课后兴趣班费用共计63万元，俱乐部资金出现了严重短缺，我的创业再次走入低谷。

工作中的黄琳盛

细心经营　再创辉煌

经过一段时间的调研，我对锋翔体育培训中心的经营策略进行了调整，放慢脚步，注重服务和品质。在全体成员的共同努力下，我们的业务再次复苏，中考体育培训、篮球和游泳项目学员数量不断增长。2021年6月，我正式成立了钦州市锋翔体育发展有限公司，注册资本为120万元人民币。随着自己在职业上越来越成熟，2023年11月，我又成立了钦州市林盛生物能源科技有限公司，注册资本为33万元人民币，经营范围主要为技术服务、技术开发、工程和技术研究、木材加工、木材收购和建筑材料销售等。

投资商到黄琳盛的公司开展投资合作调研

感悟和建议

一是一个好的企业应具备一套完整的经营体系，而不是只经营单个项目；二是要注重团队合作，而不是单打独斗。有梦想，有行动，才能到达成功的彼岸。

案例评述

黄琳盛是一个有梦想、有追求的青年，在校期间，他针对自身不足，通过努力学习、创先争优和参加各项实践活动，不断提升个人综合素质和专业技能，获得“军训标兵”“优秀志愿者”等荣誉称号，并考取游泳救生员证、社会体育指导员证等证书，为个人创业打下了重要的知识与技能储备基础。

理论运用于实践。一边求学，一边创业。黄琳盛结合在校所学知识，组建创业团队，2017年寒假开启创业之路，虽然起步不理想，但在他的坚持和努力下，通过传授技术、技能的同时，让学员学习为人处世之道，获得了社会的认可和良好的口碑，创业步入了常态化发展轨道。

天有不测风云。新冠疫情的影响导致黄琳盛创业中断。但面对困境，黄琳盛依然保持清醒的头脑，向知名公司学习先进的管理经验，为重启创业打下了基础。随着各行各业复工复产，他再次走上创业之路。然而，好景不长，受国家教育政策改革的影响，他的创业再次走入低谷。面对新的挑战，黄琳盛依靠团队，通过市场调研和分析，锚定目标，把创业推上了公司化、规范化、多元化发展之路，实现了创业成熟的蜕变。

创业贵在坚持。黄琳盛的创业成功源于他的“有梦想，有行动”，面对困境他依然坚持，所以能“到达成功的彼岸”。当然，黄琳盛的创业成功也离不开“团队合作”“体系”保障。

创业小知识

创业团队

组建一个高效的创业团队对创业者来说至关重要。创业团队是为进行创业而结成的集体，它使各成员（包括创业搭档团队成员）联合起来，在行为上产生彼此影响的交互作用，在心理上意识到其他成员的存在以及彼此相互归属的感受和工作精神。这种集体不同于一般意义上的社会团体，它存在于企业之中，因创业关系而联结起来却又超乎个人、领导和组织之外。

（资料来源：广西课程教材发展中心，罗显克，蒋瀚洲．大学生创新创业教程［M］．桂林：广西师范大学出版社，2022：112.）

一路前行　“岩”路有你

李发蕊

李发蕊，男，广西体育高等专科学校2014届户外运动专业毕业生，浙江嘉兴岩风体育运动服务有限公司法人，嘉兴市攀岩队主教练。

在校学习成长经历

2011年9月，我成为广西体育高等专科学校户外运动专业的一名学生。户外运动的兴起，在我的心里埋下了从事户外运动的种子；通过对户外运动的了解和关注，我对户外运动的热爱更是一发不可收拾。因为热爱，所以大学我选择了户外运动专业。我的大学生活是丰富多彩的，在课堂上，我学习了攀岩、游泳、旅游、休闲运动等课程；在课堂外，我参加了越野赛、户外技能挑战赛、攀岩比赛等。

实习开眼界　学习强自己

转眼到了2013年，我来到江苏省苏州市刘常忠攀岩馆实习。通过实习，我发现自己还有很多专业方面的短板，于是我一边工作一边学习，休息日就去杭州、上海找同行学习专业知识。我一直坚持在学校时养成的习惯：学习—总结—分析—再学习。经过一段时间的学习，我各方面均得到了锻炼，专业技术也有了很大的提高，同时我还积极参加各种赛事，以赛代练。2013—2018年，我参加了20多场比赛，50多场活动，先后获得2013年岩蜥攀岩年赛冠军、2014年全国大学生攀岩锦标赛冠军等奖项。

岩梦开始　困难重重

2019年元旦，经过一段时间的筹备，我在浙江省嘉兴市开办了岩风攀岩馆，终于有了属于自己的攀岩馆。由于前几年的积累和开业前的宣传，攀岩馆很快就吸引了一大批顾客。

李发蕊和他的攀岩馆

但是好景不长，不到一年的时间，新冠疫情暴发。疫情期间，我秉承着活下去才有出路的思想，积极拓展攀岩馆业务，与宁波市玖牛户外运动有限公司合作，承接了中共宁波市委党校的拓展活动；与嘉兴市体育局一起建立了嘉兴市攀岩队；给嘉兴市文贤学校建设了第一块攀岩墙，并完成了校攀岩队的选拔。我们一路迎难而上，终于渡过难关，2020年6月，海宁分公司开业，2021年8月，秀洲分公司成立。

在创业过程中，由于缺乏管理经验，公司出现了诸如馆长轮岗制度不完善、团队成员集体荣誉感不强等问题。为了解决这些存在的问题，我们精心思考，锐意改革，公司最终进入平稳发展的阶段。

顺势而为　乘势而上

随着全民健身的深入人心、浙江体育的发展，以及体育消费人口的不断增加，从2022年开始，岩风攀岩馆也加入了体育消费券的指定核销点。2023年，嘉兴市攀岩队获得得了嘉兴市政府的专项拨款，有了地方政府的支持，我们的攀岩馆努力为其打造更好的条件。2023年，我们联合浙江省登山协会举办了嘉兴市首期初级攀岩社会体育指导员培训班。2023年，我们的攀岩馆成为嘉兴市助力杭州第19届亚运会宣传片拍摄的指定场地。

创业感悟

一是要不断开阔眼界，掌握一门技术，扎根在一个行业；二是要明确目标，勇往直前；三是要敢打敢拼，勇于挑战新事物；四是要时刻保持学习的心态，虚心接受他人的意见；五是要注重团队合作。我相信，有志者事竟成，不忘初心，方得始终。只要目标坚定，一步一个脚印，脚踏实地，最终一定能实现梦想。

案例评述

大学期间，李发蕊在丰富多彩的课程和活动的熏陶下，建立起了对所学专业的热爱之情，种下了将爱好做成事业的理想种子。他善于思考，在学校时就养成了“学习—总结—分析—再学习”的良好习惯；在实习期间，他一边工作一边努力学习，开阔了眼界，提高了专业能力，这为他创业成功打下了良好的基础。他的创业历程并不是一帆风顺的，但是他善于思考与总结的良好习惯助推他找到了解决问题、渡过难关的办法。困境并没有摧垮他，反而使他变得更强大。他扎根攀岩行业，不断耕耘，服务全民健身事业的发展，同时借势发力，依托政府支持，达到双赢，推动事业不断做大做强。

创业小知识

大学生创业精神

作为当代大学生，在创业过程中应具有以下创业精神。

（1）满腔的创业激情。大学生只有满怀对创业的热情，才能积极参加到创业学习与实践当中，才能走上创业之路，开启创业之门。

（2）坚定的创业信念。大学生创业者要有百折不挠地将创业行动坚持到底的恒心与毅力，不断拼搏，不断超越自我，才能拥有壮美的创业人生。

（3）理性的创业心态。在创业的过程中，大学生创业者要克服从众心理，使创业更加理性。

（4）不断进取的创新精神。大学生是先进生产力的代表，是先进思想的传播者、科学技术的开拓者。大学生应以创新带动创业，在不断开拓进取中实现创业梦想。

（5）无私奉献的团队精神。大学生在校期间，应注重建立人际关系，尽力扩大自己的交际圈，通过优势互补、团结协作，取得创业运作管理上的成功。

（6）吃苦耐劳的奋斗精神。大学生创业者应具有艰苦创业、顽强拼搏的精神，从而降低创业成本，提高创业成功率。

（资料来源：黄淑敏，吕闽．大学生职业生涯规划与就业指导[M]．2版．北京：航空工业出版社，2021：320.）

戎装虽脱　军魂不褪

唐　伟

唐伟，男，广西体育高等专科学校2021届体育运营与管理专业毕业生，广西南宁志合创文化传播有限责任公司创始人、总经理，广西巴马瑶春堂生物科技有限公司副总经理。

圆梦军营

1996年，我出生在一个普通的农民家庭。父亲刻苦好学、兢兢业业的工作作风，母亲谦虚谨慎、细致入微的生活态度，时刻感染着我、教育着我。

小学时，老师教导我，鲜艳的红领巾是革命先烈的鲜血染红的，是少年先锋队的标志。我谨记老师的话，立志长大后报效国家。

2016年7月，我收到了广西体育高等专科学校的录取通知书。2016年9月，我响应国家号召应征入伍，成为北部战区的一名战士。我时常想，幸好人生中有一段军旅生涯，为我步入社会打下了良好的基础，锻造出我坚韧不拔、永不服输、履职尽责的意志品质，同时让我知道什么是自我要求，如何做事才能达到标准。服役期间，我曾荣立集体三等功2次，荣获嘉奖3次，被评为优秀义务兵，在新兵千人比武中荣获第一名。

不甘落后

2018年9月，我光荣退伍复学，在大学课堂上，我迷茫了。跟大多数退伍战友一样，军旅生涯让我得到了在学校得不到的锻炼，然而我也面临着专业知识薄弱、专业技能落后、社会资源短缺、社会实践经验少等问题。

我不甘落后，努力寻找自身的更多突破点。我充分利用业余时间，开始在户外拓展行业兼职，参与军训、国防教育等校外实践活动。我还积极参加学习培训，考取了一级社会体育指导员证、中级研学旅行指导师证等证书。

投身创业

2019年，我参加了广西高校第三届大学生“创客马拉松”活动，从中我深受启发，萌生了组建团队创业的想法。我要将所学专业知识和军事技能融合，在当下流行的团建及户外运动领域闯出一片天地。

2019年11月，我与几个志同道合的同事创建了一家属于自己的公司——广西南宁志合创文化传播有限责任公司。“志合创”的意思是“一群志同道合的人，一起创造属于自己的价值和未来”。公司成员由退伍军人及社会有志之士组成，秉承着“志同道合，齐创共赢”的核心价值理念，主要为企事业单位和学校学生解决团队建设难题。我们主营的项目包括户外拓展团建、中小学爱国主义教育、国防体智能教育等。

唐伟

我从一个兼职教练员，到带战友接单，再到自己的第一家公司落地，仅用了半年的时间。公司创立以来，已为100多家幼儿园、中小学以及企事业单位提供服务，服务超过5000人次；接纳同校退伍军人实习实践280人次，解决47人的就业问题。在业内逐步建立了“执行力强，军事素养过硬，服务质量高”的好口碑。

回报社会

党的十八大以来，以习近平同志为核心的党中央高度重视退役军人工作。2018年，中华人民共和国退役军人事务部正式成立，《中华人民共和国退役军人保障法》自2021年1月1日起施行。一系列政策的出台使退役军人安置工作迈入新时代，让每年几十万的退役军人看到了再就业的曙光。我也从中找到了前行的底气，“带领战友一起，当好排头兵，换种方式兴家强国”成了我更大的梦想。

一个人走得快，一群人走得远。2020年底，我加入广西兵创汇并担任常务副会长和青秀区分会会长，我整合政府、学校、企业资源建立了广西兵创汇退伍军人创新创业基地。基地成立以来，为超过50多家企事业单位、学校开展国防教育培训3000人次以上，扶持及推广创业项目38个，吸纳6个老兵创业团队入驻兵创汇，孵化创业团队5个，提供就业、创业培训800人次，扶持并孵化校内退伍军人企业2家，让2000余名退伍军人在兵创汇联盟企业直接就业或获得就业推荐岗位。

戎装虽脱，军魂不褪。我要通过努力，为退伍军人做出榜样，成为更有价值的社会主义建设者，为建设社会主义现代化强国贡献自己的力量！

唐伟回母校做创业经验分享

案例评述

唐伟是一个意志坚强、刻苦好学、善于思考的人。在部队服役期间，他荣立集体三等功2次，荣获嘉奖3次，被评为优秀义务兵，在新兵千人比武中荣获第一名，这一军营经历锻造了他坚韧不拔、逆流而上的意志；在校学习期间，他将所学专业知识和军事技能融合，积极参加社会实践和从事户外拓展行业工作，获得一级社会体育指导员证、中级研学旅行指导师证等证书，为个人创业打下了重要基础。

创业需要契机。唐伟通过参加大学生创新创业大赛的契机，形成创业梦想，组建创业团队。他结合国家政策导向和个人优势，选定创业方向和创业产品，开办服务于户外拓展团建、中小学爱国主义教育、国防体智能教育的公司，并确定公司的价值理念。同时，他把创业成果服务于社会，主动吸纳退役军人就业，利用政府、社会、高校资源壮大和推动公司发展，并积极回馈社会。

创业成功的关键在于有心准备。唐伟的创业成功，就在于他在创业前已经开始有心地做好相关创业的准备工作，积极组建志同道合的创业团队，并且不忘军人本色，创业之初就立下公司的价值理念，这是难能可贵的，更是取得创业成功的关键一招。

创业小知识

创业团队的优势

相对于个人单独创业，组建创业团队进行创业具有无可比拟的优势，这些优势主要包括优势互补、风险共担、辅助决策以及增强竞争力。

(1) 优势互补。“人力终有穷”，再强的人也有极限，一个人的经历和能力使其无法兼顾所有事情，更不用说将所有事都做好。只有找到可以取长补短、彼此协助的人，才能够更容易地达成目标。通过优势互补建立起来的创业团队，能够充分发挥团队中每个成员的优势，将个体能力运用到极致。

(2) 风险共担。创业团队是一个整体，具有一荣俱荣、一损俱损的特点。团队成员共同对企业运营过程中可能出现的问题负责，当资金不足时，团队成员可以共同分担；当技术出现问题时，团队成员可以共同解决。每个成员既分工合作又互相关怀、帮助，使企业维持正常运转。这种共同努力、奋斗的精神，减轻了个人创业的压力，分散了创业的风险。

(3) 辅助决策。“一人计短，二人计长”，创业者自身的认识和判断总是有局限的，需要具有判断能力和识别能力的合作伙伴提出建议，而这些建议对决策具有参考价值，能帮助创业者做出正确的决定。

(4) 增强竞争力。个人的能力往往比不上团队的力量。企业发展到最后，比拼的不只是个人能力，而是人才储备、合作伙伴和资源。创业团队拥有的人才越多，就越能够构建一种团结向上、乐观进取的氛围，使企业在激烈的竞争中始终处于有利的位置。

（资料来源：李特，迟君德，周斌顺. 大学生职业生涯规划与创业指导[M]. 北京：北京体育大学出版社，2023：145–146.）

你不一定要很厉害才开始　只有开始了才会变得很厉害

张智旭

张智旭，男，广西体育高等专科学校2020届休闲体育专业（户外运动方向）毕业生，驻马店市蚁峰文化传媒有限公司负责人。

在校学习成长经历

2017年，我考入广西体育高等专科学校。在校期间，我主修的专业是营地教育，这也是我第一次接触这一行业。回想3年的学习经历，我由衷地感谢学校立足于市场，以前瞻性的教学眼光开设了营地教育、攀岩等特色课程；更感谢专业课的老师们，特别是营地教育课的老师在专业方面对我们的谆谆教诲。从基本的课程原理到课程规划设计，再到想方设法给我们创造实践、实习的机会。甚至在我初入社会的很长一段时间，无论我在生活上还是工作上遇到问题，都会第一时间找老师答疑解惑。我想正是学校和老师对我的培养，为我打下了在社会上做人、做事和创业的坚实基础。

实习和工作的历练

因为在学校打下了牢固的专业基础，积累了宝贵的实践经验，毕业之际在学校莫老师的引荐下，我便很快地在广东省东莞市找到了一家行业内声誉很好的营地，并在那里实习和工作了将近3年。

这近3年的工作对我的专业发展起到了关键性的作用，因为这家营地本身规格就很高，所以我只能用更高的标准要求自己，在此期间我结识了许多国内外的专业老师，深化了我对这个行业的认知。

回乡创业

在广东省东莞市实习和工作的过程中，我结识了许多志同道合的伙伴。2023年元旦，我和我的伙伴结束了在东莞的工作，一起从东莞骑行回河南。一路上，我们聊了很多关于回乡创业的事情，到家之后，我们两人一拍即合，创办了属于我们的一个小公司——驻马店市蚁峰文化传媒有限公司。

注册公司很简单，而经营公司却需要花费大量心血。我们首先从办公场所的装修着手，将极具户外色彩的元素融入室内办公场所，让家长、客户来到我们公司之后第一眼就能留下深刻的印象。我和我的伙伴思来想去决定自己动手，我们摒弃了传统的室内装修模式，将仓库和会客区域结合在一起，设立了照片墙、绳结墙、教学板展示墙等区域；将陈列的货架变成户外装备展示区。在后面的经营过程中我发现，这是很有必要的，家长、客户初次到访时，便可通过这些装备和照片的展示，在心理上对我们的专业度有初步的认可，这为我们取得家长、客户的信任打下了一定的基础。

创业初期，我们遇到了许多困难，但是在我看来最难的莫过于选择一条适应本地市场的户外路线。我们刚刚从行业发展水平较高的沿海城市回到内陆城市，本想拿着成熟先进的经验直接照搬就可以了，但投身于市场后发现事与愿违，前期资金不足、合伙人退股、公司不盈利等问题马上暴露出来了。我们不断摸索，通过商超大型定向活动、皮划艇和飞盘特色项目引流、异业合作、C端裂变等多项措施，积累了一批属于我们自己的固定客源，也为公司找到了一条本土化的经营之路。

目前，公司已经营一年多，我们招募了近40位长期会员，每周末会员固定来参加营会活动。我们已举办了各类冬夏令营10余场，累计服务会员近千人次。在C端市场，依托于专业的课程体系，我们形成了“日常周末课程+假期活动+冬夏令营”这种以短养长的经营模式，课程包括技能挑战篇、自然探索篇、野外生存篇、自然美育篇和大山大河篇共五大主体课程体系。

创业感悟

我的创业取得了阶段性的小成绩。虽说是小成绩，但是也让我如获至宝，因为自己的每一点进步都来之不易。在创业过程中，我遇到很多实际问题，如因地区经济发展不景气带来的家长认知不足、因地理环境限制带来的可用场地不多、因前期资金不足带来的专业人才不足等问题。另外，作为一个初创企业的经营者，我还要进行角色的转变，从之前的专业技术人员到现在的公司决策者，从之前的上好课到现在的选好路，这中间的路我还要慢慢地走，我想这也是我未来要去继续学习和历练的。

我坚信，只要愿意去做，安心踏实地干下去，问题都会迎刃而解，就像我经常对来参加活动的孩子们说："你不一定要很厉害才开始，只有开始了才会变得很厉害。"我想我自己也是这样的。

张智旭（右1）在组织营地活动（1）

张智旭（右1）在组织营地活动（2）

案例评述

“你不一定要很厉害才开始，只有开始了才会变得很厉害。”这是张智旭的人生格言，他是这样想的，也是这样做的。

每一位创业成功者都是行动家，不是空想家；是实践派，不是理论派。“向上的路，总是坎坷又崎岖……有人悲哀，有人欣喜，当我们跨越了一座高山，也就跨越了一个真实的自己”，这是汪国真在《跨越自己》里写下的励志名言。这个世界上的大部分奇迹，都是普普通通的人把想法化作了行动的结果。做行动上的巨人，才能看到更美的风景。

辛勤的劳动和优秀的成绩是成正比的，有一份劳动就有一分收获。日积月累，积少成多，普通人也可以创造奇迹。汪国真在《热爱生命》里写道：“我不去想是否能够成功，既然选择了远方，便只顾风雨兼程……我不去想身后会不会袭来寒风冷雨，既然目标是地平线，留给世界的只能是背影。”

躬逢伟大新时代，我们倍感荣光，士不可以不弘毅，任重而道远，让自己从思考转向行动，你会发现，目标很近，梦想不远，世界美好，人间值得。

虽然张智旭的创业才刚开始，但相信他锚定目标，不断努力，就一定能破茧成蝶！

创业小知识

创业可以使你获得哪些好处

（1）主宰自己。创业会给你一种完全控制自己命运的感觉，这很令人兴奋。

（2）成熟感。通过创业，你可以获得远远大于金钱收入的个人满足感、自信心，你会更沉着，并比以前更善于面对风险。

（3）使命感。创业时，你会有一种使命感，会充分支配自己的时间，但这也可能意味着没日没夜的加班。

（4）一切听你的。不必再被办公室的条条框框所束缚，这会让你感到自由。

(5) 成就感。创业成功带来的成就感会比你拥有物质财富带来的成就感大得多。因出色的工作而赢得尊重、成绩和利润，感受创造以及为社会和国家作贡献的乐趣是十分快乐的事情!

（资料来源：张慧青. 大学生创新创业指导[M]. 2版. 北京：中国财政经济出版社，2024：74.)

吹尽狂沙始到金　功夫不负有心人

韦黄维

韦黄维，男，广西体育高等专科学校2017届运动休闲服务与管理专业（攀岩方向）毕业生，广西南宁市青秀区小露探险体育健身俱乐部负责人。

初进大学时的自卑与自信

2014年9月，我怀着激动的心情来到广西体育高等专科学校学习，实现了上大学的梦想。心里有一些自豪的同时，也伴随着隐藏在我内心深处的自卑，因为我从小地方来，家里经济条件也不好，普通话说得也比较差，初高中几乎没有获得过任何奖状和荣誉证书，也没有得到过夸奖和鼓励。可我又不想让同学们看出来，我就装作很自信，因为我想改变，我想让大家看到我越来越好。

大学期间不断充实自己

大学期间，我几乎没有一刻是闲着的，更没有在宿舍待过一整天。除了上课在学校以外，课余时间和周末我都在外兼职，我发过传单，做过服务员，做过体育赛事工作人员，搭过舞台，当过产品促销员，甚至还卖过化妆品。之所以把课余时间和周末安排的如此满，一是我想挣生活费；二是我想改变自己害羞、腼腆的性格，锻炼自己的胆量；三是我想了解这些行业是如何运营的。这些是在学校上课时学不到的，而又恰恰是社会上实用的。所以在上大学的时候，我几乎不用导航就可以跑遍整个南宁市。因此，大学期间我过得很充实。

大三要去实习的时候，我和老师说我想去大城市实习，想去看看外面的世界。于是，我选择去上海的一家攀岩馆实习，因为生活费有限，我只能从柳州坐20多个小时的火车硬座去上海。一路上，我内心既激动又忐忑，不知道上海这个大城市会不会接纳我这样一个专科实习生。

实习期间，我在上海一家攀岩馆做攀岩教练员。实习结束后，我先后在宁波和朋友一起开了第一家攀岩馆，在深圳腾讯总部做过攀岩教练员，还在深圳做过房地产中介，也在五星级酒店做过游泳教练员，后来又回到南宁做过健身教练员。虽然我做的工作比较杂，在别人看来可能是天马行空，好高骛远，而在我看来这些都是我想改变自己的一种方式。因为没有，所以才需要；因为弱小，所以想变强大；因为还有梦想，所以才去努力尝试。

创业过程

在积累了一定的社会经验后，2021年，经过慎重考虑，我决定成立一家自己的攀岩俱乐部。对于攀岩而言，决定成败的重要因素是能否找到一个好的场地。为了找到一个合适的场地，我几乎跑遍整个南宁乃至整个广西，考察过50多个场地，经过对比分析，再去谈租金价格，同时还去调研和考察周末、节假日与平时的人流量，以及人群的消费能力等。对于我这样一个创业新手来说，必须保持谨慎的态度，因为我见过太多的人，“眼看他起朱楼，眼看他宴宾客，眼看他楼塌了。”一些比我年长的朋友也给了我一些中肯的建议，所以我尽量让自己的每一步都走得稳。我心里一直有一个信念：第一次创业一定要成功！我不能因为自己准备不足和考虑不周等使创业失败。

韦黄维

功夫不负有心人，经过多次考察筛选，我在南宁市找到了合适的场地，创立了南宁市青秀区小露探险体育健身俱乐部。创业的过程的确不如想象的那么顺利，我遇到了太多意想不到的困难，因为没有经验，全靠自己的一腔热血，所以问题和困难在所难免。面对问题和困难，我用的是“八字准则”：遇到问题，解决问题。我的办法是多问同行和创业的朋友，他们给了我很多的建议和解决问题的办法，让我少走了许多弯路。最终俱乐部慢慢走入正轨，实现了年收入10万以上。后来我又开了第二家俱乐部，有了先前的成功经验，第二家俱乐部的经营就相对顺利很多。虽然创业过程很辛苦，但我乐在其中，毕竟我有了属于自己的事业。

韦黄维（左1）和他的攀岩馆

感悟和建议

如果要给学弟、学妹们一些个人经验或者建议，我觉得有以下几条，这不一定适用于所有人，仅供学弟、学妹们参考。

自信、勇敢。自信从何而来？我觉得是丰富的知识积累。所谓“腹有诗书气自华”，不管是文学类、历史类、哲学类、励志类书籍，还是专业类书籍，多读书，最好能做读书笔记，这样会让你印象更深刻，这将给你提供丰富的营养。所谓勇敢，就是去实践。正如“读万卷书，不如行万里路”，积极参加各类活动、赛事，以及去兼职，尝试与陌生人沟通，锻炼自己，不要太在乎面子，也不要怕被拒绝，你就会有更多的机会去实现自己的理想和目标。

责任、付出。所谓责任，就是万事要有交代，事事要有着落。不要出现问题就开始找理由，即使理由找得很合理，别人也能一眼看出你的小把戏，谁都不喜欢遇到问题就逃避、找理由的下属或者合作伙伴。遇到问题首先要想办法去解决，学会从自身找原因，可能当时会吃亏，但当你解决了问题后会发现自己的能力也随之提高了，多年后回头一看，你和别人的差距也就慢慢地拉开了。

积极、乐观。不管做任何事情，都要主动出击。积极主动其实是一件挺难的事情，因为大家都怕被别人拒绝，有害羞、尴尬之类的感觉。然而，只有积极主动地去做事情，才会获得更多的机会。所谓“行万里路，不如阅人无数；阅人无数，不如名师指路”。积极主动大概率会遇到能给你指路的高人，也可能会吸引一些与你志同道合的人，没有人喜欢与消极的、行动力差的人合作。物以类聚，人以群分，你身上的一些优质特质会吸引具有同样特质的人，会让你的事业发展更顺畅。

最后，希望学弟、学妹们有一天能够“大鹏一日同风起，扶摇直上九万里。”

案例评述

韦黄维是一个自立自强的人。从小地方来，家里经济条件不好，普通话说得也比较差，几乎没有获得过任何奖状和荣誉证书，也没有得到过夸奖和鼓励的他，在大学期间，就决心改变自己的命运。他发传单，做服务员，做体育赛事工作人员，搭舞台，当产品促销员，卖化妆品，去改变自己害羞、腼腆的性格，去锻炼自己的“脸皮”，去了解这些行业是如何运营的，去学习这些在学校课堂上学不到的东西。他说，除了上课以外，他几乎没有一刻是闲着的，更没有在宿舍待过一整天。实习结束后，他和朋友一起开过攀岩馆、做过攀岩教练员、做过房产中介、做过游泳教练员和健身教练员等。天道酬勤，力耕不欺，所有辛勤付出就是为了某一天实现自己的梦想和目标，最终他成功了。

韦黄维自立自强、沉稳睿智、勤奋努力，成就了他的事业，帮助他实现了人生的目标。

创业小知识

创业者

“创业者”一词由法国经济学家理查德·坎蒂隆于1755年首次引入经济学。创业者是指利用或借用相应的平台或载体，将其发现的资源、信息、机会或掌握的技术，以一定的方式转化、创造成更多的财富和价值，并实现某种追求或目标的过程的人。香港创业学院院长张世平认为“创业者”是一种主导劳动方式的领导人，是一种主导无中生有的创业现象的人，是一种具有思考、推理、判断的人，是一种需要具有使命、荣誉、责任能力的人，是一种组织、运用服务、技术、器物作业的人，是一种能使人追随并在追随的过程中获得利益的人，是一种具有完全权利能力和行为能力的人。

（资料来源：刘珍杰. 大学生职业发展与就业指导新编[M]. 上海：同济大学出版社，2020：218.）

敢想会做　创业有我

周剑明

周剑明，男，广西体育高等专科学校2019届民族传统体育专业毕业生，广西岑溪市3家武术俱乐部负责人。

在校学习成长经历

2016年，我进入广西体育高等专科学校学习。大学期间，我虚心向老师请教，认真钻研，刻苦训练，不断提高专业知识水平和武术技能，取得了较好的成绩。大三实习期间，我在一家武术俱乐部做武术教练员，得到了很多锻炼。

试拼一把

2019年，我从广西体育高等专科学校毕业。面对就业与创业的抉择，姐姐对我说，“你从小就学武术，到现在也取得了不少成绩，为什么要选择去打工呢？你现在的工作就是做教练员，自己有能力为何不开一家武术馆呢？起码不用受限于人，自己也自由。”父亲也对我说，“你还这么年轻为什么不拼一把呢？一个男人做事不要缩手缩脚，只要想到就去做，拼了就有机会，不拼连机会都没有”。

在家人的鼓励下，我结合自身武术学习成绩的优势和在实习期间担任武术教练员的经验，决定回到老家岑溪市创业，成立一家武术俱乐部。一经决定，我就快速行动起来。首先，物色场地，我多地考察，反复选址，权衡利弊，确定了场地；其次，场馆装修；再次，业务宣传，进入市场。2019年5月，我的第一家武术俱乐部正式开业。

周剑明的第一家武术俱乐部

初见成效

创业是艰难的，但我是一个不肯服输的人。从宣传招生到上课教学，我不断去学习和研究，不仅认真学习武术理论知识，提高自己的武术技术水平，更研究如何讲好课，如何指导学生。经过不断地实践和总结，我形成了属于自己的一套教学方法和训练体系，得到了学员的认可和家长的赞赏。

经过4年多的努力和奋斗，我成功开设了3家武术馆，学员规模迈上了一个新台阶，年卡学员突破200人，社会影响力日益凸显。2021年，我们武术馆成功举办了第一次汇报演出。我们武术馆的学员还代表梧州市参加了广西第十三届学生运动会，并取得了多项荣誉，得到了当地政府领导的充分肯定。

2021年，周剑明的武术馆第一次汇报演出

周剑明的武术馆学员代表梧州市参加广西第十三届学生运动会并取得丰硕成绩

顺势而为

武术是我国传统体育项目之一，一直备受社会的广泛关注，其未来发展趋势将呈现两大特点：一是武术运动走向普及化。随着全民健康意识的增强，人们健身的需求日益增加，武术将成为一种深受欢迎的运动方式，自然就有更多的人接受和参加武术训练，无论是为了锻炼身体、提高自卫能力，还是追求精神内涵，都是武术推广、发展的重要基础。二是武术运动走向竞技化。武术作为一种传统的格斗技艺，随着现代运动竞技项目的不断发展和完善，将成为一种深受欢迎的体育竞技项目，武术比赛将不断吸引更多青少年的参与。武术的这些发展趋势，必然会给我的创业发展提供越来越多的机会，成为武术馆做大做强的新契机。

作为新手创业者，我明白做什么事不仅需要勇敢拼搏，也需要脚踏实地。做什么事情都不要害怕失败，人会有一时的失败，但是这不代表一辈子都会失败。只要敢想会做，顺势而为，我相信我的武术馆会发展的更好！

案例评述

周剑明是学以致用、敢想会做、善于思考的人。在大学期间，周剑明刻苦学习专业知识，努力提升专业技能，取得了较好的学习成绩，夯实了武术理论和技术水平。在实习期间，他积极磨炼自己，总结教学经验，不断提升个人综合素质。这为他毕业即选择创业打下了重要的基础。

创业离不开亲情的支持。周建明的创业首先来自他家人的引导和鼓励，让他更好地认识到自己的优势和权衡就业与创业的利弊，最终促使他学以致用，发挥长处，确定目标，选择创业，开设武术馆。虽然在创业过程中他遇到了一些困难和问题，但他通过不断地学习研究，总结经验，形成了自己的教学方法和训练体系，赢得了学员的认可和家长的赞赏。他利用汇报演出、参加运动会等方式扩大武术馆的社会影响力，通过学习和分析国家政策，对武术未来发展趋势作出正确判断，以此为新契机，锚定创业方向，进一步将武术馆做大做强。

创业要善于把握机会。周剑明的创业成功，不仅在于面对就业与创业的抉择时，他果断选择创业，敢想会做，还因为他善于思考，能及时捕捉市场商机，这使得他在短短的4年时间里，开设了3家武术馆，这样的成绩来之不易。这充分说明善于寻找机会并精准把握机会，已成为周剑明创业成功的法宝。

创业小知识

新时代对创新型人才的素质要求

所谓创新型人才，就是具有创新精神和创新能力的人才，他们通常表现出灵活、开放、好奇的个性，具有精力充沛、坚持不懈、注意力集中、想象力丰富以及富于冒险精神等特征。新时代对创新型人才的素质要求主要体现在以下五个方面。

（1）可贵的创新品质。创新型人才必须是有理想、有抱负的人，具有良好的奉献精神和进取意识、强烈的事业心和历史责任感等可贵的创新品质。只有具备成为创新型人才的强大精神动力，才能拥有敢闯、敢试、敢冒风险的大无畏勇气。

（2）坚忍的创新意志。创新是一个探索未知领域和对已知领域进行破旧立新的过程，充满各种阻力和风险，可能遇到重重困难、挫折甚至失败。因此，创新型人才每前进一步都需要非凡的胆识和坚韧不拔的毅力。创新型体育人才只有具备锲而不舍的精神，才能在创新活动中克服种种困难，最终实现自己的创业理想。

（3）敏锐的创新观察。历史上的科学发现和技术突破，无一不是创新的结果。从这个意义上来讲，创新就是发现，而且是突破性的发现。要实现突破性的发现，就要求创新型人才必须具有敏锐的观察能力、深刻的洞察能力、见微知著的直觉能力和一触即发的灵感，能不断地将观察到的事物与已掌握的知识联系起来，发现事物之间的必然联系，及时地发现别人没有发现的创业机会。

（4）丰富的创新知识。创新是对已有知识的发展，在人类知识越来越丰富和深奥的今天，创新型人才的知识结构既要有广度又要有深度。因此，创新型体育人才既要精通所学专业知识并能掌握体育行业发展趋势，同时还要了解相邻学科及必要的横向学科知识。创新型人才只有不断积累知识、开阔视野，才能进行创新实践。

（5）科学的创新实践。创新的过程是遵循科学、依据事物的客观规律进行探索的过程。创新型人才必须具有严谨求实的工作作风，不能有半点马虎和空想；做到从实际出发，以科学的态度进行创新实践。

（资料来源：李爱民，黎竹娟，王艳茹．体育院校大学生创新创业指导［M］．北京：北京体育大学出版社，2023：16–17.）

就 业 篇

巾帼不让须眉　红颜也胜儿郎

张　琼

张琼，女，广西体育高等专科学校2000届运动训练专业毕业生，现任广西贵港市公安局特警支队政委（四级高级警长），2023年3月，被授予“全国五一巾帼标兵”称号。

在校学习成长经历

在广西体育高等专科学校就读期间，我在学校领导和老师们的关爱和栽培下，担任学校学生会副主席和班级团支部书记，得到了很多锻炼的机会。在校期间，我因表现突出，品学兼优，多次荣获学校甲级（一等）奖学金，两次被评为学校优秀团干部，两次获得学校假期社会调查报告一等奖，并被评为1999年度广西大学生暑期“三下乡”先进个人、首届南宁国际民歌艺术节优秀志愿者等。同时，我还被选入学校篮球队，成为女子篮球队主力中锋，多次代表学校参加广西驻邕高校篮球赛、广西大学生篮球邀请赛等比赛并获得较好的名次。2000年5月，我光荣地加入了中国共产党，成为一名共产党员。

艰苦的磨砺，造就坚强的自己

2000年12月，我通过国家公务员统一招录，进入贵港市公安局工作，先后在贵港市巡警（防暴）支队、国内安全保卫支队、机关党委、党委办、离退休干部工作科等部门就职。

我刚参加工作的时候是一名特警队员，那时候整个贵港特警只有两个女队员，但是我们从来没有把自己当女生，不管是训练、办案还是抓捕行动，都和男同志一

英姿飒爽的张琼

起参与。我们每天早上五点半就起床训练，晚上十点半才能收操；每天跑5公里；每天在花岗岩地板上练倒功，在泥水里练擒拿格斗，在月光下练硬气功……每次训练，我们每人都要打断十几根像手臂一样粗的木条，回去脱下衣服看，身上都是红血印。追捕嫌疑人的时候，为了不打草惊蛇，我们常常要连夜翻过几座大山深入村庄。嫌疑人上屋顶，我们也跟着上屋顶；嫌疑人跳鱼塘，我们也跟着跳鱼塘；嫌疑人出拳，我们接拳；嫌疑人出刀，我们夺刀……

特警工作很苦、很累、很惊险，但是我对那段工作充满了感激，因为正是那些经历锻炼、磨砺了我，让我后来不管在什么岗位，不管负责什么工作，不管多苦多累都能扛得住。

只要用心，没有干不好的事

2015年8月，我被调到贵港市公安局离退休干部工作科任科长。刚上任时，很多同事提醒我，局里的离退休干部比较难“伺候”，他们经常到局领导办公室“告状”。但我不这样认为，我想局里的离退休干部受组织教育多年，身经百战，政治觉悟高，只要“对症下药”，就没有解不开的“疙瘩”。我以高度负责的态度，迎难而上，积极探索，坚持服务至上，真情付出，最终赢得了离退休干部的信赖和支持。

我以党建为抓手，根据局里离退休干部人员多、居住分散、健康状况不同等实际情况，以方便离退休干部就地参加活动为原则，分类管理，在原有5个党支部的基础上，扩大至10个离退休干部党支部，通过开展主题党日活动、送党课送关怀上门、“线下+线上”服务管理模式，向离退休干部提供精准服务，实现了全局离退休干部学习管理全覆盖。对个别有情绪的离退休干部，我逐一上门走访做思想工作，还通过发挥党员先锋引领作用，激发离退休党员干部的爱党爱国情怀，及时解决了个别离退休党员干部的思想问题。另外，我还建立了一个离退休干部微信群，作为推动学习、服务和缴纳党费的重要平台，第一时间将党的创新理论传达到位，离退休干部党费及时收缴到位，增强了离退休干部党支部的政治功能，增强了离退休干部的归属感和认同感，提高了离退休干部继续发光发热的积极性。

我调到市公安局时，局里没有给离退休干部设置固定的活动场所，离退休干部党支部开会总要临时借用局里的会议室。为增强党支部的凝聚力、向心力，我提出把“暖警惠警爱警”工程延伸到离退休干部工作中，建设“金秋家园”，打造离退休干部的精神家园，让离退休干部老有所为、老有所乐。我的建议得到了市公安局党委的大力支持。2021年，市公安局在离退休干部居住相对集中的公安新村建设了球场、健身场、棋牌室、书画阅览室等集学习、交流、健身、娱乐于一体的离退休干部活动中心。在我的组织下，棋牌比赛、书画展览、体育健身、党课座谈等主题活动轮番上阵，丰富多彩的主题活动深受离退休干部的赞赏。此外，我还经常组织我们局的离退休干部参加上级部门举办的各项文体活动，我们局的离退休干部多次在全市摄影、书法、广场舞比赛中获奖，其中门球队连续5年蝉联广西公安系统老年门球赛冠军，充分展示了贵港市公安局离退休干部老骥伏枥的精神面貌，实现了“养神、养体、养气、养心、养智、养德、养品、养福、养寿”的预期目标。

“老吾老，以及人之老；幼吾幼，以及人之幼。”作为父母的女儿，我把敬老爱老的传统美德落实到离退休干部工作中，坚持定期走访重病、高龄、独居、家庭困难的离退休干部，及时了解他们的所需所求，帮助他们解决实际困难，让他们真真切切感受到组织的关怀与温暖。有一对退休干部因儿子欠下不良债务而被连累，两人的账户全部被依法冻结，生活困难，自我封闭，拒绝参加集体活动。我奔走相关部门，不厌其烦沟通协调，终于解决了他们的基本生活问题，他们感激涕零，安心生活，还自创编排防盗防诈等主题小品到各社区、村屯宣传表演，取得了较好的社会影响。

敬爱无亲疏，天下高龄皆父母。95岁高龄的吴云芳是市公安局唯一健在的离休干部。我是吴老家里的“常客”。除了常规的走访慰问，我还经常带领科室同事上门为老人服务，连吴老的女儿都说：“我爸有时候连我都不记得，但还记得张科长。”2021年春，吴老不慎中风摔倒，但是他怕麻烦不愿意去医院就医，家人束手无策。我得知后立即赶到吴老家里，一边给老人按摩安慰，一边跟老人拉家常，回忆他年轻时追捕罪犯的英勇事迹。我说：“拿刀的罪犯您都没怕过，还怕这点小伤？”在我的耐心开导下，老人终于同意去医院治疗。随后，我亲自背着老人下楼，陪他到医院就医。老人康复后，逢人便说是我的鼓励给了他战胜病魔的勇气和动力。

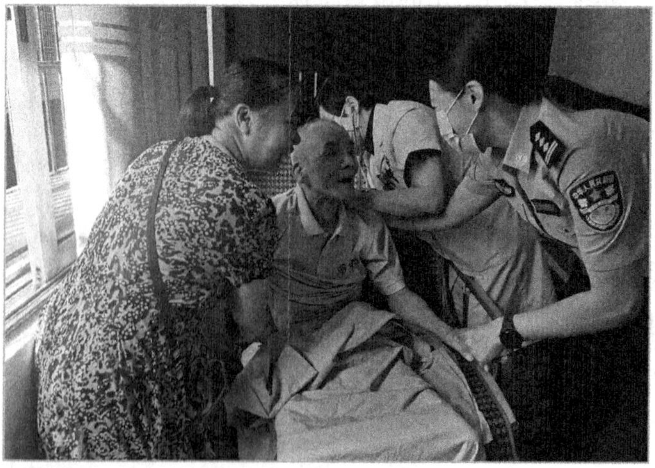

张琼看望离休干部

“帮天下儿女尽孝，为组织分忧”是我的工作宗旨。遇到老干部住院，我会第一时间赶往医院，帮忙联系医生、协调手术或治疗方案，安抚慰问病人，减轻家属负担。遇到离退休干部辞世，我会赶往老人的家里或殡仪馆送老人最后一程，跟家属一起尽心料理后事，按风俗悼唁抚恤，礼敬逝者，慰其亲人。作为一名女同志，我常年与老人、病人打交道，我的真情付出，温暖了老干部的心，守住了革命前辈的心。老干部也都把我当成了自己的家人，把我看作比亲人还亲的“贴心人”，在我任职7年多的时间里，没有发生一例离退休干部投诉事件，离退休干部对我的工作满意度达到了百分之百。

张琼照顾孤寡老人

身兼数职均尽心竭力

2012年起，我开始负责我们局的群团工作，一个人身兼数职，如警察协会秘书长、机关党委委员、工会委员会委员、女职工委员会委员、团委书记、志愿者协会会长、篮球队队长、警察马拉松队队长……每一个职务后面，都是一份沉甸甸的责任，工作琐碎繁杂，但是我毫无怨言，事无巨细，尽职尽责。

别人说我爱揽事，但我认为职工权益无小事，我总想发挥好工会与警察协会的职能，为民警、辅警谋福利，消除其后顾之忧，以更好地落实从优待警政策，打造“暖警之家”，做好职工的“娘家人”。

我严格落实工会相关制度，保障职工福利到位，主动帮扶困难职工争取各种补助，组织基层一线职工参加疗休养，坚持最大程度地维护职工权益。

2015年，我们局开始举办警娃（警察子女）夏令营和警娃假期托管班，至今已举办警娃夏令营18期、警娃假期托管班15期，共接收警娃1200多人，为众多警察家庭解决了假期子女托管教育的大难题，我们的警娃假期托管班被广西壮族自治区总工会评为全区职工子女托管示范点。

同时，我发挥自己射击、篮球、绘画、马拉松等文体多面手的优势，成立了朗诵、游泳、篮球、马拉松等文体俱乐部，组织开展各种文体比赛，挖掘和培养文体人才，不断丰富警营文化。我带领的团队连续5年蝉联全市大型朗诵比赛和合唱比赛冠军，连获两届全市职工运动会团体第一名，并多次组队参加中国警察马拉松赛等全国性大型比赛及系列越野比赛，也拿了不少奖牌。

真情回报社会，做群众信赖的“热心人”

因为自己淋过雨，所以总想着替别人撑把伞。我出生在桂林一个地地道道的农民家庭，是靠邻居亲戚们的借款完成学业的，一路走来得到过很多人的帮助，所以我始终怀着一颗感恩社会、回报社会的心，尽自己最大的努力去帮助那些需要帮助的人。

张琼跟资助对象在一起

2012年，我加入了贵港市荷城义工协会和贵港市青年志愿者协会，并牵头组建了贵港市公安局青年志愿者和巾帼志愿者组织。2013年，我被推荐担任贵港市青年志愿者协会副会长和贵港市妇女儿童维权志愿服务团副团长。我经常利用业余时间组织开展志愿服务活动，积极参与公益事业。近三年来，我组织开展志愿服务活动130多次，举办“安全课堂”60多期，帮扶留守儿童、贫困学生、孤寡老人100多人。从2013年开始，我就与13名困难学生结成了一对一帮扶，十年如一日，不仅为这些学生募捐学费和生活物资，还经常上门走访，从精神和情感上关爱、鼓励他们，被孩子们亲切地称为“警察妈妈”。在我的帮助下，孩子们的学习有了很大的进步，他们中有8人考上了理想的大学。

张琼和她爱心资助的学生

作为群团工作的负责人，我在平时的工作生活中发现很多青年民警因为工作太忙，与外界接触较少，人际交往范围较窄，以至于终身大事都成了问题。我看在眼里也急在心上，为此，我坚持每年联合驻地部队和市直单位、企事业单位组织开展大型的单身青年联谊活动，还联合创建了“荷城月下”“爱在一起”等单身青年线上交流群，为广大单身青年搭建了一个健康的交流平台，很多未婚青年通过这个平台找到了自己的伴侣。另外，我还经常性地组织开展各种主题的联谊活动，现已促成50多对青年男女现场牵手，有8对结婚生子，我因此被广大青年称为贵港 “金牌红娘”。

荣获“全国五一巾帼标兵”称号

近年来，我负责的各项工作成绩均排在全市前列，我认真负责的工作态度以及高效出色的工作能力也赢得各级领导、同事们的肯定和认可。我先后助推11名个人和9个集体获省级表彰、20名个人和27个集体获厅级表彰。我本人先后荣获“广西五一巾帼标兵”、广西“三八红旗手”、广西老干部工作先进个人等称号，并荣立三等功3次，荣获嘉奖8次、市级奖励10余次。

2023年3月，全国五一巾帼奖表彰大会在北京召开，我是贵港市也是全广西公安系统唯一一个荣获“全国五一巾帼标兵”称号的人。

张琼荣获的“全国五一巾帼标兵”证书和奖章

感悟体会

我的警察生涯，没有百步穿杨、成功解救人质和破大案、要案的神探故事，也没有千里缉凶、命悬一线的艰辛险恶，有的都是诸如此类的微如尘埃、平凡而琐碎的小事。但是，我始终记得一句话，“在其位，谋其政，尽其责”。既然选择了警察这份职业，就是选择了责任与担当，就是选择了付出与牺牲，就要对得起身上的警服和头上的帽徽。习近平总书记说过，只要有坚定的理想信念、不懈的奋斗精神，脚踏实地把每件平凡的事做好，一切平凡的人都可以获得不平凡的人生，一切平凡的工作都可以创造不平凡的成就。我无数次重温这句话，从中获得无尽的动力。

习近平总书记在党的二十大报告中指出，“广大青年要坚定不移听党话、跟党走，怀抱梦想又脚踏实地，敢想敢为又善作善成，立志做有理想、敢担当、能吃苦、肯奋斗的新时代好青年”，这为当代青年成长成才提供了根本遵循。要落实好习近平总书记的嘱托，我们就要做一个有理想的人。一个人没有理想，就没有前进的方向，就没有奋斗的力量。而理想，离不开现实，好高骛远，则一事无成。“不积跬步，无以至千里；不积小流，无以成江海”，因此，实现理想最重要的是先做好当下的事，先做好自己分内的事，先做好我们身边力所能及的每一件平凡的事，好好珍惜当下的学习生活条件，努力拼搏，不负韶华。只有这样，才能为将来打下坚实基础，才能实现自己的理想，让自己的人生更有价值、更有意义，才能让自己的人生绽放光彩。

工作以来，我只不过是实实在在用心地去做了一些自己该做的事情，却无比幸运地得到了众多人的认可，除了感谢，更多的是感恩。言语苍白，行动才有力，唯有不忘初心，加倍努力，再接再厉，更努力地做好本职工作，才能为国家和社会做出更大的贡献。

案例评述

张琼从一个体育生走上人民警察的工作岗位，成为广西第一批女特警队员。她从警20多年，在工作中始终保持高昂的工作热情，以积极主动、认真负责、精益求精的工作态度和雷厉风行的工作作风，努力做到“巾帼不让须眉”，用青春书写忠诚，用汗水诠释责任与担当。在平凡的工作岗位上，她用坚忍和执着演绎着不平凡的警察故事，以自尊、自信、自立、自强的精神和自身的行动示范，认真履行好岗位职责。金杯银杯不如老百姓的口碑，张琼的付出得到了群众的认可，也得到了组织的高度肯定，她也因此荣获“全国五一巾帼标兵”称号等多项荣誉。

每一位即将走上工作岗位的大学生都应该以张琼为榜样，立足岗位，积极进取，大胆创新，努力成为行业的精英和技术能手，不辜负党和国家的培养。

专家提示

每个人的能力，都像是一座宝藏，只要不怕吃苦，只要愿意深挖，自我价值就可能源源不断地得以提升。这是因为，每个人都拥有独特的天赋和能力，这些天赋和能力往往被隐藏在深处，等待着被发现和挖掘。这些“宝藏”可能包括各种知识、技能、情感、创造力等，它们都是构成个人独特性和价值的重要部分。要发掘这些“宝藏”，就需要有“不怕吃苦”的精神。挖掘“宝藏”的过程往往充满了困难和挑战，需要付出大量的努力和汗水。但是，只有经过这样的努力和付出，才能逐渐发现和发展自己的天赋和能力，进而实现自我价值。个人的能力和价值并不是一成不变的，而是可以通过不断的努力和学习来提升的。我们要有勇气面对困难和挑战，勇于发掘自己的潜能，通过不断的努力和学习来实现自我价值的提升。

基层教练三十载　悉心育苗结硕果

兰燕云

兰燕云，女，广西体育高等专科学校1997届体育教育专业毕业生，中国共产党第十九次全国代表大会代表，曾任广西柳州市业余体校副校长兼教练员，现任广西柳州市体育运动学校举重部主任兼教练员。她是奥运会举重冠军陆永的启蒙教练员。

在校学习成长经历

我于1992年在广西体育运动学校毕业，1997年在广西体育高等专科学校体育教育专业毕业。在校期间，我注重专业知识的学习，勤于思考与钻研，遇到疑惑虚心向老师请教。

我跟自己打了个赌

20世纪80年代，我国女子举重项目刚刚起步。1986年，13岁的我成为广西女子举重队的第一批队员，一粒关于冠军梦想的种子就此埋进了我的内心深处。1992年，就在我踌躇满志往前冲的时候，现实给了我重重一击，一次训练中，我的腰部严重受伤。于是，我只能带着深深的遗憾从举重队退役。之后，我积极响应组织的号召，到当时的国家级贫困县三江侗族自治县（广西壮族自治区柳州市辖县）的业余体校担任举重教练员。我希望自己未竟的梦想能够在我培养的队员身上得以实现。

从事举重事业需要一股韧劲、一股狠劲！我暗下决心："这辈子我就耗在举重事业上，不培养出一个世界冠军，决不结婚！"

带着这股劲头，我四处选材、认真培养。1996年，我选中了年仅10岁的陆永。在我的悉心指导下，陆永刻苦训练，从广西队到国家队，一直奋战到奥运会赛场上。

在2008年北京奥运会上，陆永一举夺得男子85公斤级举重金牌。想到我曾经的诺言，陆永禁不住第一时间给当时35岁的我打来电话，他兴奋地对我说："姐，你可以结婚了！"虽然忙于事业的我一直到2016年才结婚，但是我们师徒之间的这段往事，却深深留在我的记忆里。

做好教练员妈妈

我在三江侗族自治县业余体校担任举重教练员时，举重项目是集“食、住、训”于一体的训练项目，作为教练员的我既要当队员的教练员又要当他们的家长。

孩子们来自各乡村寨，他们的家境都不宽裕，每月只能背米来抵生活费。从孩子们一进体校，我就在思想、学习和生活上给予孩子们无微不至的关心，帮助他们树立为国争光的理想和目标，鼓励他们克服困难，告诉他们只要努力、坚持，总会成功。不仅如此，我还利用自己微薄的工资给予他们资助，给他们看病买药、生活费、添新衣等。当时，体校经费非常有限，为了节省支出没有请专门的炊事员，我就自己给孩子们煮饭、烧菜。晚上还要给孩子们辅导文化课，以提高他们的综合素养，我用自己一颗火热的爱心温暖举重队的每一位队员。

不知不觉中自己已三十多岁了还未成家。有的小队员亲切地称我“妈妈”，可我总是笑着说：“叫我教练吧，叫妈妈好老哦，我有这么老吗？”我将爱毫无保留地献给这些少数民族的孩子们，希望他们有朝一日取得优异的成绩，走出山寨，为国争光。

2005年，我被调到柳州市体校工作。先后担任柳州市业余体校副校长兼教练员，柳州市体育运动学校举重部主任兼教练员。随着时代的发展，我也在不断地学习，以提高自己的业务水平和专业知识储备，为广西和国家培养更多更优秀的后备人才。

兰燕云接受媒体采访

坚持和努力终有回报

经过多年的教学训练，我探索出一套符合青少年举重选材、训练的方法和经验，取得了不少成绩。我先后向国家队、国家青年队、广西队输送了16名队员，包括2008年北京奥运会冠军陆永，亚洲冠军荣英必，世界青年举重锦标赛冠军贾雄辉，全国冠军吴艳梅、荣茜、梁安超、贺斯等一批优秀的运动员。

兰燕云在指导学员训练（1）

兰燕云在指导学员训练（2）

当我看到自己带的队员在体育赛场上为家乡、为祖国争得荣誉，五星红旗冉冉升起时，自豪感油然而生，觉得所有的辛苦和付出都是值得的。

我的努力也得到领导、同事、家长、学生的好评和肯定，组织也给了我很多荣誉：1998年被评为柳州地区先进教练员，1999年被选为三江侗族自治县政协委员，2005—2008年连续4年被评为柳州市体育系统先进工作者、优秀共产党员，2007年荣获“广西优秀教练员”称号，2008年被选为柳州市迎奥运火炬手，以及荣获柳州市劳动模范、柳州市巾帼英雄、柳州市“十大女杰”称号等。

不忘初心启新程

工作以来，作为一名普通的基层教练员，我取得了一些成绩。这与母校的培养、领导和同事们的支持是分不开的。

作为一名共产党员，我始终牢记党的宗旨，不忘初心、牢记使命，用实际行动践行对党的誓言。在今后的工作中，我会继续埋头苦干，把毕生的精力全部奉献给我热爱的体育事业，为国家培养、输送更多优秀的体育人才，为体育强国建设做出更大的贡献。

案例评述

从一名举重运动员到一名举重教练员，兰燕云的体育梦和运动热情从未改变。她1986年开始练举重，1992年因伤告别赛场。带着告别赛场的遗憾和对举重的满腔热情，兰燕云选择到业余体校担任举重教练员，继续她的举重梦。

工作30多年来，兰燕云一直从事基层体育教练员工作，注重科学训练，探索出了一套自己的训练方法和经验，她关心关爱运动员，重视运动员的思想教育和文化学习，收获了爱戴和荣誉。

从一个发誓“不培养出一个世界冠军，决不结婚”的懵懂姑娘到一个冠军教练员，兰燕云几乎把最美好的青春年华都奉献给了举重事业，为国家体育事业无私地奉献着自己的光和热，用实际行动践行着自己对党的誓言。

专家提示

体育是提高人民健康水平的重要途径，是满足人民群众对美好生活向往、促进人的全面发展的重要手段。新时代人民群众对体育的呼唤愈加强烈，对体育“文明其精神，野蛮其体魄”的感受更加深刻。党的十八大以来，习近平总书记高度关心和重视体育事业，始终从中华民族伟大复兴和人民群众的美好生活向往的高度引领体育事业健康有序发展。2020年9月22日，习近平总书记在教育文化卫生体育领域专家代表座谈会上的讲话中指出，要坚持健康第一的教育理念，加强学校体育工作，推动青少年文化学习和体育锻炼协调发展。

作为体育学子，我们应牢记习近平总书记的嘱托，向兰燕云同志学习，积极投身到体育强国建设中，为实现中华民族伟大复兴的中国梦做出自己的贡献。

当好一枚交通安全的“螺丝钉”

石殿春

石殿春，男，广西体育高等专科学校1994届运动训练专业毕业生，现任广西北海市公安局交通警察支队政委（三级高级警长）。

在校学习成长经历

在广西体育高等专科学校就读的时光，刻苦的专业学习和严格的训练，提高了我的专业素质。特别是在担任学校篮球队主力队员期间，我不断挑战自我，敢拼敢冲，这不仅激发了我的争先意识，同时也培养了我的团队意识。学校广阔的平台和各种实践的机会更锤炼了我坚韧不拔的毅力和勇往直前的意志。学校的悉心栽培和老师们的谆谆教诲，让我逐渐成长为一个自信、勇敢、坚强的青年，为我日后走出校门、步入社会打下了坚实的基础。

藏蓝青春，无悔选择，用心用情破解道路交通管理难题

大学毕业后，我选择当一名交通警察，并爱上了这一光荣的职业，一干就是近30年，无论是日晒雨淋，还是严寒酷暑，我始终奋战在公安交通管理岗位第一线。

不少人曾经问我，为什么要选择当交通警察？我想，能通过自己的努力，让群众高高兴兴出门去、平平安安回家来，就是我最有成就感的事。

广西北海市北海大道北京路口曾经因为设计不够合理，经常堵车，每逢上下班高峰期，车辆排成长龙的情况特别常见。2008年，我在北海市交警支队第一大队（原海城大队）任副大队长，负责在北海大道北京路口值守，经常听到司机们抱怨。有的司机还会冲着我们发脾气：“你们交警是怎么搞的？！”这让我心里很不是滋味。将心比心，我能理解司机急切的心情，当务之急是如何用交警的智慧解决这个让群众堵心的难题。

石殿春在路面指挥疏导交通

观察一段时间后，我想到了“退一步海阔天空”这句话。经过反复实验，我靠人工指挥，把路口停车线往后挪了20多米，让原来的两车道变成了四车道，这样每次绿灯的通行车辆从10多辆变成了40多辆，路口通行率大大提高。

这个方法虽好，但是要靠交警人工指挥。有人认为我们不会坚持太久，还有人说这不过是为了应付检查。但我一站就是3年，每天上下班高峰期，群众都能在这个路口看到我。多少次，我看到司机朋友摇下车窗，对我竖起大拇指，那一瞬间别提我有多高兴了。而我也明白了一个道理：你把群众装进心里，你也会被群众装进心里。

后来，这一疏导法在全市推广，被称为“石殿春疏导法”，成为疏导保畅的交通管理品牌。

石殿春为群众宣传道路交通安全知识

2015年10月，我被调到第四大队（原旅游区交警大队）任大队长一职。第四大队管辖的银滩景区是全国著名的旅游景点，每年有大批国内外游客前来游玩。每到旅游旺季进出银滩景区的车辆特别多，交通拥堵严重的时候，汽车一两个小时只能挪动几百米，经常需要从支队调配大量警力支援以疏导交通。有效解决银滩景区的交通拥堵问题，不仅能很好地解放警力，还能作为一个窗口向全国各地人民展示北海良好的交通秩序。

几经考察、论证，我大胆地提出“银滩景区周边道路实施单向行驶交通管制”这一建议。建议容易，落实很难。因为这不仅需要修建一条循环道路，还要完善停车场、隔离护栏等交通基础设施才能实现单向行驶，这样势必涉及多方利益。果不其然，在征求意见的时候，银滩景区的很多商家、群众强烈反对，认为这会影响客流、减少收入。经过反反复复、苦口婆心的解释，这一建议最终得到了商家、群众的理解，让大家认识到实施单向行驶交通管制能有效解决银滩景区的拥堵问题，有利于更好地树立银滩的品牌，吸引更多游客来银滩游玩。自2016年7月开始对银滩景区实施单向行驶交通管制以来，银滩景区车辆通行效率大幅度提高，即使是旅游旺季也没有出现长时间交通拥堵的情况，获得了群众的高度赞誉，而商家的经营环境更好了，收入也增加了。

交通管理工作虽然平凡，但又十分复杂，涉及的面广、点多、线长，要干好并不容易。2017年10月19日，正值党的十九大召开期间，环广西公路自行车世界巡回赛在北海市举行，18支世界顶级自行车队、100多位世界顶尖车手相聚北海市，北海赛段首日比赛采取绕城的方式进行，单程54.8公里，全程109.6公里，安保线路长、交通管制范围大、交通组织难度高，这对北海市交通管理工作是一次大检阅。经过深入调查研究，我提交了严密周全、实施性强的交通安保工作方案，科学布警，加强现场指挥调度，确保了比赛当天市区道路的安全畅通，同时对群众的出行影响降到最低，路口没有出现车辆、人员积压的情况。

抓基层，打基础，提升道路交通管理能力水平

2018年，我任交警支队副支队长期间，主要分管基础信息化建设和项目办的工作，当时支队指挥中心的接出警系统、视频监控系统、诱导屏管理系统和信息发布系统单独运行，仅靠人工进行信息的交流，难以应对日渐庞大的数据处理工作，支队决定对指挥中心进行智能化升级改造建设。我深知指挥中心是全市交通指挥的中枢，建成一个智能化、可视化、扁平化的指挥中心对提高北海市交通管理智能化水平意义重大。分管这项工作对我来说责任重大。自改造建设启动以来，我就一头扎进智能化的研究，潜心钻研如何充分运用现代化科技手段辅助城市管理，实现可视化指挥调度、智能化管理交通、精细化管理勤务等。经过多方学习、数十次的论证，我才敲定了升级改造的方案。2019年6月6日，指挥中心顺利完成升级改造工作，实现指挥协调、信息服务、电子监控、警情研判、督查考核五大功能一体化，极大地提高了北海市交通综合管理能力和科技信息化应用水平。

因为历史遗留问题，支队基层业务用房严重紧缺，车管所和电动车管理所、高速公路管理二大队均没有独立的业务用房，第三大队业务用房为临时搭建的砖混平房、第五大

队办公场所为临时建设的板房，加上房屋老化严重，难以抵抗台风袭击，安全隐患大。我每次看到民警在简陋的房子里办公，心里都很不是滋味，一直想建设满足车驾管理、违法处理、事故办案、交通安全宣传教育、涉案车辆停放保管等多项交警日常执法办案的业务用房。

我多次向支队党委汇报，争取市委、市政府和上级公安机关的支持，积极推动4个交警队用房建设项目。这4个项目全部被纳入2020年北海市重点项目统筹推进。同时，我加强对相关文件的学习，吃透文件精神，借鉴先进兄弟单位的宝贵经验，组织对第三大队、第五大队业务用房的设计工作。为避免重复建设，进一步节约财政资金，我还建立了一套监督管理机制，对项目立项、招标、建设及后期交付使用等环节进行监督和管理，确保每一分每一毫经费都用在业务用房建设上。2020年8月，第三大队业务用房顺利开工建设，2021年12月顺利竣工，解决了以往工作和生活环境差、硬件设施落后以及安全隐患大的问题。

感悟体会

我所做的工作得到了组织的肯定，先后荣获广西勤廉先进个人、自治区优秀共产党员、全国交警系统执法标兵、全国公安机关爱民模范、全国特级优秀人民警察等荣誉称号和全国五一劳动奖章。2017年5月19日，我参加了五年一度的全国公安系统英雄模范立功集体表彰大会，受到了习近平总书记的接见。

“当高楼大厦在我国大地上遍地林立时，中华民族精神的大厦也应该巍然耸立。”回想起习近平总书记的这番话，我心潮澎湃、热血沸腾。我常想：在和平年代，很多民警长期在平凡岗位上默默奋斗，有为民服务的“孺子牛”、创新发展的“拓荒牛”、艰苦奋斗的“老黄牛”，他们就像一颗颗“小小螺丝钉”一样钉在岗位、钉在辖区，以实际行动努力践行人民警察为人民的铮铮誓言。交通管理工作事关生命安全、事关发展大局、事关社会稳定、事关民生福祉、事关政府公信力、事关公安队伍形象，责任重大、使命光荣。作为一名人民警察，我们所做的每一件事都要对得起胸前的党徽和头顶的警徽，只有恪守法治精神、坚守法治定力、严守法律底线，才能无愧于党、不负人民。我将继续坚持以百姓之心为心，把群众对安全畅通出行的美好向往作为自己的奋斗目标，全心全意服务人民，像螺丝钉一样牢固地捍卫人民群众的出行安全。

石殿春被授予全国五一劳动奖章

石殿春被授予全国特级优秀人民警察荣誉称号

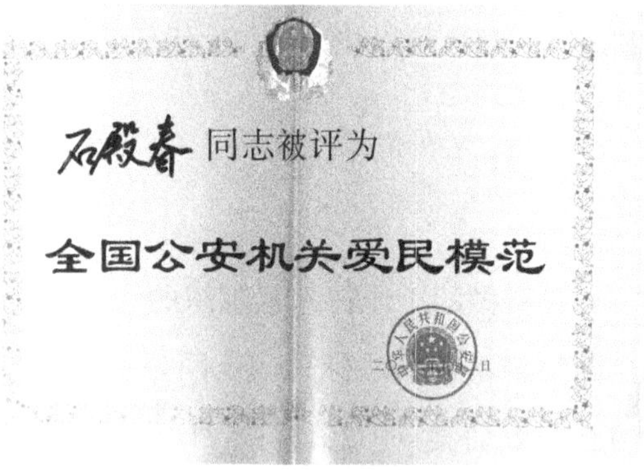

石殿春被评为全国公安机关爱民模范

石殿春参加全国公安系统英雄模范立功集体先进事迹报告团

案例评述

石殿春在大学期间，就培养了不断挑战自我、勇于争先的意识，逐渐成长为一个自信、勇敢、坚强的青年，为今后进入职场打下了坚实的基础。

在工作中，他干一行、爱一行、钻一行，把解决群众的急、难、愁、盼问题作为出发点和落脚点，想群众之所想、急群众之所急，解决了很多工作中的难点、堵点和痛点问题，为老百姓办了很多实事、好事，得到了群众的认可，并以此为乐，获得了不断做好工作的无尽动力。

石殿春以为民服务的“孺子牛”、创新发展的“拓荒牛”和艰苦奋斗的“老黄牛”的干劲，和“螺丝钉”一样的韧劲，在平凡岗位上默默奋斗，以实际行动努力践行人民警察为人民的铮铮誓言，做出了无愧于党、不负人民的优秀业绩。石殿春的精神值得广大学子学习。

专家提示

大学毕业生要在职场中积极践行“螺丝钉”精神，珍惜自己的职业机会，将个人的职业发展与党和人民的事业紧密结合起来，以积极、勤奋和敬业的态度，以高度的责任感和使命感投身于工作中，不断提高自己的能力和素质，为社会做出积极贡献。

首先，大学毕业生需要认识到自己在社会中的定位和价值。每个人都是社会这台大机器中的一颗螺丝钉，虽看似微小，但每一颗螺丝钉都发挥着不可或缺的作用。因此，大学毕业生应该以高度的责任感和使命感去做好每一项工作。

其次，大学毕业生需要不断学习，以提升自己的能力。在快速变化的社会中，只有不断学习和进步，才能跟上时代的步伐，适应工作的需要。大学毕业生应该保持对知识的渴望和对技能的追求，通过不断的学习和实践，提高自己的综合素质和竞争力。

再次，大学毕业生需要积极融入团队，与同事和合作伙伴建立良好的关系。在工作中，一个人的力量是有限的，只有与团队成员紧密合作，才能发挥出最大的效能。大学毕业生应该学会倾听他人的意见和建议，尊重他人的工作和成果，与团队成员共同协作，为实现团队的目标而努力。

最后，大学毕业生应该积极履行社会责任，为社会做出贡献。作为新时代的青年，大学毕业生应该关注社会热点和民生问题，积极参与社会公益活动，用自己的实际行动去关爱和帮助他人。通过践行“螺丝钉”精神，大学毕业生可以展现出自己的价值和担当，为社会的发展和进步贡献自己的力量。

“挑战”做更好的自己

贾俊强

贾俊强，男，广西体育高等专科学校1999届体育教育专业毕业生，现任广西桂林市永福县第二中学党总支部书记。

在校学习成长经历

我于1997年进入广西体育高等专科学校学习。我十分珍惜大学生活，一进入大学就暗下决心在大学期间让自己变得更优秀。在校期间，我每天早上坚持出早操，每节课认真听讲，晚上主动到教室上晚自习。我的文化成绩在班级一直名列前茅，体育专项如武术、游泳、乒乓球等项目的分数全班最高。我还作为学校散打队队员，代表学校参加了1998年广西壮族自治区散手擂台赛。我积极参与课外活动，参加了广西大学生文化艺术节的书画比赛，获评优秀奖，作品被选中在广西艺术学院展览。

让自己成为“多面手”

1999年7月，大学毕业后我回到广西桂林市永福县，在县城的职业高中任教。两年后，我被调到永福县第二中学任教至今，在永福县第二中学历任体育教师、政教处副主任、政教处主任、德育副校长、党支部书记、党总支部书记。

参加工作以来，我热爱党的教育事业，兢兢业业工作，关心爱护学生，先后从事体育教育教学和心理健康教育工作24年，担任班主任工作5年，并带领过8年的初中篮球校队、9年的体育高考生、12年的播音高考生，积累了多方面、较为丰富的工作经验。

作为体育教师，我努力发挥专业特长，上好体育课，教好体育生，组织好学校的体育活动。我指导的学生在永福县初中生篮球赛及中小学田径比赛中拿过多次冠军，所教3届体育高考生中有16人上本科线，12人被体育院校录取。我曾作为主教练负责组织并全程指导训练300人的武术方块队在永福县举办的养生旅游福寿节上进行了表演。

贾俊强主持学校活动

工作中，我发现青少年学生的心理问题越来越突出，从2010年开始，我主动要求参加心理健康培训并在学校开设心理健康课堂。十几年来，我一直坚持给学生上心理健康课，并为学生开展心理咨询工作，多次被评为桂林市优秀心理教师。2023年，我以心理健康专业参评教师职称，获得了中学高级教师职称。

还记得刚刚参加工作的时候，我的普通话水平测试成绩只有80. 2分。在组织学生参加的比赛活动和自己参加的一些比赛中，普通话水平不高是我的一个硬伤。于是，我制订计划，下定决心坚持每天早上花半个小时练习普通话，从最简单的平翘舌音开始，一个字、一个词、一句话地练习，我还通过参加县里的相关比赛锻炼自己的普通话。经过一段时间的刻苦训练，我的普通话终于达到了一级乙等水平。县里也开始安排我和电视台的女主持人一起主持县里大大小小的活动，这开启了我的另一条职业发展道路——播音主持。

贾俊强在主持活动

2012年开始，在学生的期盼与要求下，我以一名体育教师的身份开始为学校培养播音主持特长生。我非播音专业出身，之前也未从事过此类工作，因此对于播音主持艺考一无所知，如何教、教什么、怎么考更是一窍不通。但是，我利用一切机会找老师及专业人士请教，每次到桂林或者南宁的第一件事就是去寻找、购买语言类的书籍。通过不断地学习、请教，我慢慢摸索出了自己的教学方法。我第一年带的4名播音主持特长生，其中3名顺利通过本科线。在旁人质疑的眼光中，我完成了体育老师向艺术老师的身份转变。至今我带的学生已有多名被自治区内外多所高校的播音主持专业录取，尤其是在2023年的艺术统考中我所带的17名学生全部过合格线，最后有13名学生文化成绩、艺术成绩双上线。

除了教学工作，我还从事过多个行政岗位的工作，直到现在成为学校的“一把手”，不管在哪个岗位，我都恪尽职守，一心扑在工作上，做干事创业的表率，带领学校不断取得进步。

荣誉是对过去的肯定，也是激励自己不断前行的动力

我的努力得到了组织的肯定，工作以来，我先后荣获广西壮族自治区、市、县的各级各类奖项、荣誉40余项，先后被评为桂林市优秀德育工作者、桂林市优秀教育工作者、桂林市直属教育系统优秀共产党员、桂林市优秀心理教师、永福县优秀教育工作者、永福县安全工作先进个人、永福县优秀教师、永福县教育系统优秀共产党员等。我在指导学生参加永福县校园文化艺术节、永福县五四青年节文艺汇演、桂林市中华经典诵读大赛、桂林市青少年爱国主义读书教育活动中多次荣获指导教师一等奖、特等奖。我还多次代表永福县参加桂林市“我邀明月颂中华”爱国诗词诵读大赛并荣获二、三等奖，更在桂林市中华经典诵读大赛中荣获一等奖，并代表桂林市在全区中华经典诵读大赛中荣获二等奖。

贾俊强（前排左1）主持永福县第十三届养生旅游福寿节系列活动

贯俊强（中）参加桂林市举办的“我邀明月颂中华”爱国诗词诵读大赛

就业感悟

回顾二十多年的工作经历，我收获了成功的喜悦，在做好一名体育教师的同时，还跨行成为一名合格的心理健康教师和播音主持特长生培训教师，同时，我也是一名合格的管理者。能够在这些职业角色中取得成绩，我认为是源于我作为一个体育人把体育精神用在了工作上，那就是相信自己、敢于挑战。不要否定自己，不要轻易放弃，不要认为自己不行，而是要告诉自己“我可以，我要试试”。“试试”也许你就成功了呢？

案例评述

2022年12月30日，习近平总书记在全国政协新年茶话会上的讲话中指出，我们要以斗争精神迎接挑战，以奋进拼搏开辟未来。这同样适用于我们的学习、工作和生活。

贯俊强在意识到青少年学生的心理问题越来越突出后，主动要求参加心理健康培训并在学校开设心理健康课堂、开展心理咨询工作；在为学生寻求升学突破的过程中，勇于尝试培训播音主持特长生，并打破专业束缚、提升自我水平，开拓了播音主持的另一职业道路。贯俊强的转行、跨行，都得益于他不断适应新形势，坚定相信自己，及时调整观念，勇于挑战自己。作为新时代青年，我们要更加勇敢地面对学习、工作、生活中的挑战和困难，坚定自己的信念，追寻自己的梦想。

专家提示

长时间专注于某个领域的工作或学习，会潜移默化地影响一个人的思维方式和行为风格，逐渐习惯于以自己的专业认识世界。然而需要始终记得：自己所学的专业并不是全部的真理，而是专业大家族中的一员，是看待世界多个视角中的一个。不管是在学校还是在以后的工作中，都会遇到许多来自不同专业的人，每个人思考问题都有他的优势和盲区，因此在学习专业知识时要保持一颗开放的心态，倾听不同专业、不同人的声音。

并不是每个人在毕业后都会继续从事直接与自己专业有关的工作，人的一生可能会转换几个工作领域，如今跨界已经成为创新的主要方式，走什么路取决于你要去哪里，而不取决于哪条路好走，或者哪条路走的人多。

坚守教育初心　绽放青春芳华

何日明

何日明，男，广西体育高等专科学校2002届体育教育专业毕业生，现任广西北海市第六中学学生发展中心主任。

在校学习成长经历

重温我在广西体育高等专科学校的成长历程，那是一段努力拼搏的岁月。入学之初，我便确立了专升本的目标，致力于全面提升个人综合素质，为日后的专升本之路奠定坚实的基础。每天早上六点，我雷打不动地起床去晨练；上课的时候，我争坐前排，聚精会神聆听老师讲课，详细记录笔记，课后复习巩固所学知识。在学好专业知识的基础上，我积极参与学校的各项活动，担任学生会宣传部部长，策划并组织各类宣传活动，这培养了我的组织能力和团队协作能力。两年后，毕业的时候，我顺利获得了专升本的名额，成为广西师范大学（广西体育高等专科学校办学点）的本科生。

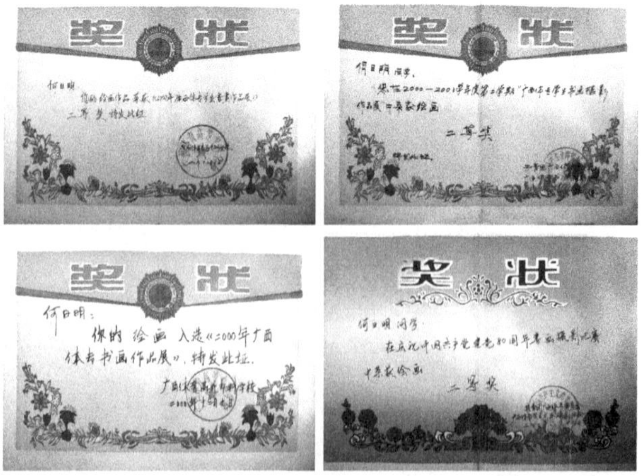

何日明在广西体育高等专科学校获得的荣誉

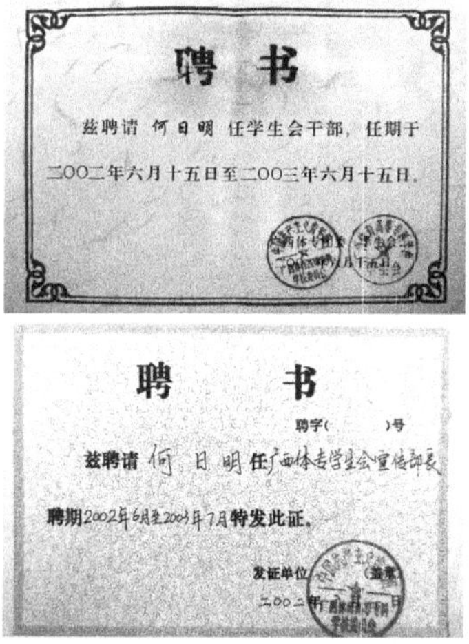

何日明在广西体育高等专科学校的聘书

教书育人，结出硕果

何日明

我于2004年9月回到家乡广西北海市，受聘于北海市第六中学，参加工作至今始终坚守在教学一线担任体育教师。其间，我先后兼任学校团委书记、学校综合治理办公室（以下简称“综治办”）主任、学生发展中心主任等职务，全面参与学校的管理工作，为学校的整体发展和学生的全面成长贡献自己的力量。

学生发展中心肩负着推动学校德育教育与安全管理工作的重任。北海市第六中学地处城乡结合地带，存在社区人口结构复杂，学生家庭环境普遍欠佳，家庭教育不足等问题，因此学生对传统的灌输式德育教育方式表现出较强的抵触情绪。为此，我和我校德育团队创造性运用生态体验理论，将提高学生道德素养与具体的行动实践相结合，逐步探索出“德育教育”“心理健康教育”“家校共建”三位一体的体验式德育工作模式，以时间发展为逻辑主线，形成了“集体生日会”“感恩主题家长会”“徒步毅行”以及“我的青春我做主”等一系列德育实践品牌活动。通过活动，引导学生在体验与反思中认清自我价值，促进学生全面发展。

学校周边环境复杂，我牵头组建护校队，担任护校队队长，十年如一日，每天放学坚守到最后一个学生离开才离校；为提高师生的安全意识和应急处理技能，我定期组织开展防火灾、防地震、防踩踏等应急疏散演练；为提高师生的自我保护意识和能力，我采取多种途径开展“五安全、五防范”宣传教育；为加强学校“三防”建设，我带头修订完善了学校相关的安全管理制度。

育人之本，德育先行。我将德育工作有机融入体育教学中，尤其注重通过体育教学对后进生进行转化。我尊重学生的不同兴趣爱好，以学生为主体，以教师为主导，既严格要求学生，又对其不失关爱。我在日常教学中融入拓展训练的元素，不断创新体育课程教学方法，让学生乐学、爱学，同时也提高了课堂教学效率。2017年，我开设了“快乐足球”校本课程。我指导的校啦啦队在市级啦啦操比赛中，多次荣获二等奖。

通过多年的沉淀与努力，我获得了中学高级教师职称，成为北海市教育局科（校）级领导干部培养对象、北海名师“雁阵工程”培养对象。2023年，我还荣获了北海市“教育拔尖人才”杰出教师的称号。

何日明带领学生做团队建设

何日明荣获北海市“教育拔尖人才”杰出教师的称号

何日明（中）参加北海市统筹“雁阵工程”团队送教送培活动

就业感悟

我衷心感谢母校对我的培养，是广西体育高等专科学校“明德至诚，健行致远”的校训精神影响和激励着我，使我脚踏实地，为自己的职业发展努力拼搏。

我始终坚信一个道理：不怕苦，不怕累，不计较得失，就会有意想不到的收获。

首先，不怕苦和不怕累是职场必备的品质。在工作中，我们难免会遇到各种各样的困难和挑战。有时候是工作压力大，有时候是任务繁重，还有时候是工作条件艰苦等。在这些时候，我们应有坚韧不拔的精神，敢于迎难而上。只有通过不断的努力和拼搏，我们才能在职场中获得更多的机会和成长。

其次，不计较得失是职场中非常重要的心态。在职场中，我们必须明确一点：工作不仅仅是为了获得物质回报，更是为了提升自己的能力和价值。因此，我们不能只看到眼前的利益，更要看长远的发展。当我们把工作当成一种投资，用心去经营，不计较得失，最终我们一定会获得丰厚的回报。

最后，在职场要获得成就并非易事。这需要我们不断地学习、实践和反思，时刻保持敏锐的洞察力，善于发现和抓住机会。同时，也要敢于尝试和创新，不断突破自己的局限。只有这样才能在激烈的职场竞争中脱颖而出，实现自己的价值和梦想。

案例评述

何日明在读大学之初，就朝着升本目标努力拼搏，在学好专业知识的基础上，积极参与学校各项活动，提高了综合素质。最终，他顺利获得了专升本的机会。

参加工作后，他创新工作方式，将德育工作有机融于体育教学中，注重通过体育教学对后进生进行转化，尊重学生的不同兴趣爱好，以学生为主体，以教师为主导，既严格又关爱，不断创新体育教学方法，让学生更乐学、爱学，寓德育于体育中，探索出了一套德育工作的好方法，在做好教书育人工作的同时，自己也收获了成长和进步。

何日明的成功，源于他在母校受到的熏陶和锻炼，源于他始终坚信不怕苦，不怕累，不计较得失，就会有意想不到的收获的道理。

专家提示

苦是对人意志品质的一种检验，在吃苦中可以涵养正确的价值观和人生观，在吃苦中可以磨炼坚定的决心、信心和恒心，在吃苦中可以锤炼能力、增强毅力。越是面对艰难困苦，就越不能退缩让步，就越需要激发非凡定力和必胜决心。

大学生应该发扬艰苦奋斗、无私奉献的精神，不畏艰苦、不避艰苦，适应艰苦、战胜艰苦，通过吃苦提高能力、建立功业，才能不辜负新时代，创造新辉煌。

公安战线“追梦人”　智勇双全显警威

唐国超

唐国超，男，广西体育高等专科学校2006届体育教育专业毕业生，现为广西崇左市扶绥县公安局民警（一级警长），曾被授予全国公安机关“成绩突出个人”荣誉称号。

在校学习成长经历

2004年9月至2006年7月，我在广西体育高等专科学校就读。在校期间，在学校领导和老师的关心、栽培与教导下，我先后担任校学生会学习部副部长、副年级长、班干部、社团干部等，得到了很多的锻炼和成长机会。因表现突出，我每学年都荣获学校甲级（一等）奖学金，先后获得校级优秀学生干部、学习优秀奖、优秀毕业生等荣誉，各科成绩一直名列前茅。2006年7月，我以全年级综合测评排名第七的成绩升入广西师范大学（广西体育高等专科学校办学点）本科继续深造。

实干肯干　勇挑重担

2009年7月，本科毕业后，我通过国家公务员统一招录考试进入崇左市扶绥县公安局，先后在扶绥县公安局中东派出所、刑侦大队、渠黎派出所等部门工作。从警以来，我始终保持着强烈的工作责任感和使命感，积极主动、勤勤恳恳、任劳任怨地工作，不管是在派出所还是在刑侦大队，我都因严谨、细致的工作作风和过硬的专业素养，成为单位办理大案要案的第一候选人。每次的安保现场，大案、要案、命案现场，日常抓捕、破案现

唐国超

场，审讯攻坚现场，打击边境违法犯罪现场等，几乎都有我的身影。经过多年的刻苦钻研，凭借不畏艰难、敢于拼搏的精神，我出色地完成了各项工作，先后参与办理刑事案件625起，行政案件1150起，抓获违法犯罪嫌疑人530人，为群众追赃挽损250万元，收到群众赠送的锦旗22面。

群众给唐国超所在的渠黎派出所赠送锦旗

令我记忆深刻的是在2011年，当时的我还是一名刚刚入警两年的新警察，第一次被抽调到刑侦大队专案组办案，就被当时的刑侦大队教导员点名为一起盗窃耕牛系列案件的主办民警。听到由我主办该案时，我脑子有点蒙，很紧张，也有些不知所措，因为这是我第一次参与刑侦专案组，也是真正意义上的第一次主办一起刑事案件。开完分析会后，我跟教导员说我第一次来刑侦专案组，办案经验还不足，这么大的案件我担心办不好。教导员跟我说，不要怕这怕那，年轻人要大胆去做，有不懂的多问、多请教，大道至简，有时不要想那么复杂，用心去办就好。这是我从警生涯中经手的第一起较大的案件，从布控、抓捕、审讯我都全程参与。直到犯罪嫌疑人如实交代犯罪事实、认罪伏法的那一刻，我第一次感觉到当警察的成就感。

近几年，电信网络诈骗案件频发，2020年，局领导指定由我主导我局全年的打击电信网络诈骗专项工作。开始我深感压力重大、无从下手，不知道如何开展工作。但在领导们的帮助和专案组同志们的齐心协力下，我带领反诈专案组6名民警攻坚克难摸索出“以战促练、打防结合”的打击电信网络诈骗模式，破案、刑拘、逮捕数均取得了历史性的突破，打击电信网络诈骗的成绩在全市名列前茅。

唐国超深入企业开展反诈宣讲

唐国超深入村屯开展安全防范宣传

电信网络诈骗案件破案难、追赃更难，虽然如此，但凡有机会追回被诈骗款，我都努力去做嫌疑人和嫌疑人家属的工作，争取最大程度为群众挽回损失。在刑侦大队负责反诈工作和在派出所任所长期间，我先后为群众追回被诈骗款250余万元。

唐国超为群众追回被诈骗款

我摸索出的打击电信网络诈骗模式和相关工作经验，受到广西公安厅的表扬，并在全区做经验推广。我本人撰写的论文《浅谈基层公安机关防范电信网络诈骗的现状与对策》，在崇左市公安机关学习贯彻党的二十大精神“奋进新征程、建功新时代”主题论文征集评选活动中荣获三等奖。

2022年7月，组织任命我为辖区渠黎派出所所长。任职期间，我带领所里全体民辅警共同努力、团结协作、攻坚克难，在维护辖区社会治安稳定、保护人民群众生命财产安全、园区企业营商环境管理等工作中很好地完成了上级公安机关和当地党委、政府交办的任务。渠黎派出所荣立2022年度全市公安机关集体三等功，荣获党的二十大安保维稳突出单位称号，我本人也因在党的二十大安保维稳工作中表现突出荣立个人三等功。

2022年底，扶绥县公安局在全市率先推行“交所合一”（交警业务下放到派出所）工作机制。渠黎派出所因地制宜，结合辖区道路安全特点，有针对性、科学性地开展交通违法整治、交通安全宣传、劝导等工作，工作成效非常显著。2023年4月，全区农村道路交通安全管理工作现场会在崇左市召开，其中“交所合一”的工作现场会在渠黎派出所举行，我代表渠黎派出所向全区各级交管部门介绍我所“交所合一”的相关工作经验和做法，相关工作经验和做法得到各级领导的好评，并在全区推广。

努力成长为一专多能的“岗位能手”

作为一名体育生，我始终发扬吃苦耐劳、团结协作、敢拼敢赢的作风，多年来，不管是在派出所、刑侦大队，还是在网络安全保卫部门，我一直努力锻炼自身警务技能特长。如今，我既是单位的反恐突击队成员，也是有名的“神枪手”，还是崇左市公安局警务技能中级教官。我先后多次代表崇左市公安局、扶绥县公安局参加全区公安系统运动会，全区、全市警务技能比武大赛、射击比赛等，并多次获奖。我先后带领两个专案组、渠黎派出所荣立集体三等功3次，先后荣立个人二等功1次、三等功2次，荣获嘉奖6次、扶绥县优秀共产党员称号2次，2021年被评为“扶绥公安榜样民警”，2021年4月被授予全国公安机关“成绩突出个人”荣誉称号。

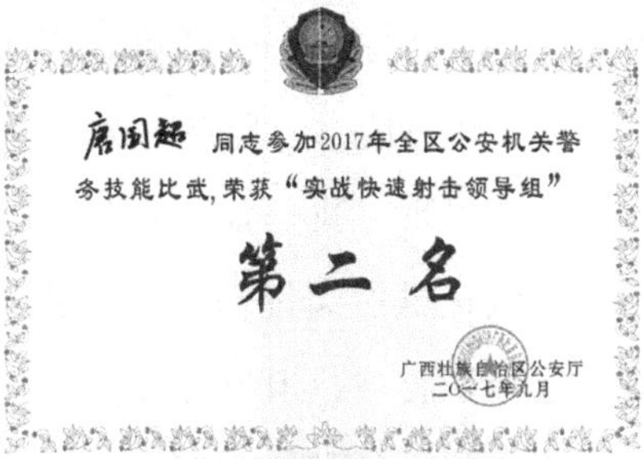
唐国超 同志参加2017年全区公安机关警务技能比武，荣获“实战快速射击领导组”

第二名

广西壮族自治区公安厅
二〇一七年九月

唐国超参加2017年广西壮族自治区公安机关警务技能比武获奖

唐国超荣立个人二等功

永葆人民警察本色

从警以来，无论在工作中还是在生活中，我都能严格遵守各项纪律规定，牢记各项规章制度，时刻保持头脑清醒，筑牢防腐拒变思想防线，自觉抵制各种腐朽思想侵蚀，过好名利关、权力关、金钱关、人情关，做勤政廉政模范。“让扶绥公安精神在我们青年民警中延续”这句话是我曾经参与“践行‘永不服输，勇争第一’的扶绥公安精神”主题获奖征文中写到的一句话，在日常工作中我也是这样做的，自己过硬的业务水平以及坚持不懈的努力得到了大家的一致认可。当面对掌声、鲜花和荣誉时，我没有骄傲自满，而是以更加饱满的工作热情，全身心地投入到新的工作中去。

从警以来，我一直奋战在基层派出所、刑侦大队等打击违法犯罪、维护社会治安稳定的第一线，虽然岗位平凡，但我觉得肩上的重任和使命不平凡。从穿上警服的第一天起，我就选择了忠诚、担当与责任，我暗下决心一定要当一名优秀的人民警察，要对得起身上的警服和头上的警徽。我也曾这样对青年民警讲：青年一代的民警要做一名忠诚、担当、纯洁、自律的新时代公安民警，不负青春，不负韶华，让“永不服输、永争第一”的扶绥公安精神发扬光大，传承延续。

案例评述

唐国超从一名体育生走上人民警察的工作岗位，从警以来，一直坚守和奋战在基层岗位和打击违法犯罪、维护社会治安稳定的第一线，通过多年来的刻苦钻研业务，发扬不畏艰难、敢于拼搏的精神，每次的安保现场，大案、要案、命案现场，日常抓捕、破案、审讯攻坚现场，打击边境违法犯罪现场等几乎都有他的身影，他成为青年一代民警的榜样。唐国超的付出得到了辖区群众的认可，也得到了组织的高度肯定，被授予全国公安机关“成绩突出个人”荣誉称号，荣立个人二等功，荣获优秀共产党员称号等多项荣誉。

每一名走上工作岗位的大学生都应该以唐国超为榜样，立足岗位，积极进取，勇于担当和挑战，努力成为行业的精英和技能能手，不辜负党和国家的培养。

专家提示

大学毕业生进入职场，须具备一定的职业素养，这些职业素养不仅关系到他们能否顺利就业，还影响着他们未来的职业发展和个人成长，是未来职业成功的关键因素。以下是大学毕业生应具备的一些关键的职业素养。

（1）职业道德。诚实守信、勤奋敬业、责任感强是职业道德的核心。大学毕业生应该具备高尚的职业道德，在工作中能够遵守法律法规，敢于担当作为，维护集体利益，为社会做出积极贡献。

（2）职业规划能力。大学毕业生应该明确自己的职业目标和发展方向，制订职业规划，并为之付出努力。应该了解自己的优势和不足，通过不断学习和实践，提高自己的职业竞争力。

（3）自我管理能力。大学毕业生应该能够合理安排时间，制订工作计划，并有效执行。同时，还应具备自我激励和自我约束的能力，以应对职场中的挑战和压力。

（4）团队合作能力。在职场中，团队合作能力不可或缺。大学毕业生应该学会与同事协作，共同完成工作任务。应该尊重他人，积极分享自己的想法和经验，以促进团队凝聚力和提高工作效率。

（5）学习能力。当前，知识更新的速度越来越快，大学毕业生应该具备持续学习和更新知识的能力，应该关注行业动态和最新信息，不断提高自己的专业水平和综合素质。

（6）独立思考能力。大学毕业生应该具备独立思考的能力，能够分析问题、解决问题，并提出自己的见解和方案。保持好奇心和求知欲，不断探索和学习新知识，以适应不断变化的职场环境。

（7）沟通能力。良好的沟通技巧是职场成功的关键。大学毕业生应该具备清晰、准确、简洁的表达能力，能够与他人有效沟通，理解他人观点，达成共识。

精益求精　做更好的自己

张海军

张海军，男，广西体育高等专科学校2002届体育教育专业毕业生，现任广西南宁市第二中学体育教研组组长，兼任广西足球协会裁判部部长，现役中国足球协会超级联赛裁判员。

在校学习成长经历

2000年，我进入广西体育高等专科学校学习，在校期间，我担任校学生会纪检部副部长，组建了学生护校队，为建设安全的校园环境做出了贡献。同时，我积极向党组织靠拢，在党组织的培养下，我光荣地加入中国共产党，成为一名共产党员。因学习成绩优秀，2002年9月，我获得了广西师范大学体育学院（广西体育高等专科学校办学点）专升本资格。大学期间，我还被选入校足球队，代表学校参加了全区多项大学生足球比赛，并取得了较好的成绩。

脚踏实地走好每一步

2004年，我大学毕业后就职于北海市第八中学，先后在学校政教处、综治办、办公室等多个部门工作。工作中，我以党员标准严格要求自己，坚持以“守初心、担使命、找差距、抓落实”为工作准则，认真完成各项工作，得到了学校领导的认可和肯定。这期间，我曾“火线”担任2010级年级长，为2010年学校中考成绩创各项历史纪录做出了贡献。我还兼任学校男女足球队主教练一职，常年坚持带队训练，并积极开展、参与听课评课活动；带领北海市第八中学女子足球队获得2013年广西青少年女子足球锦标赛亚军；带领北海市第八中学男子足球队获得2014年“王者陶瓷杯”全国青少年校园足球冠军杯赛佛山赛区初中组亚军。此外，我还多次被评为市级足球比赛“优秀足球教练员”，多次参加市级优质课比赛并获奖。由于工作成绩突出，我先后被北海市教育局评为学校安全管理工作先进个人、创先争优优秀共产党员。

2015年9月，我被调到南宁市第二中学任教。工作中，我继续发挥自己的优点和专业特长，兢兢业业，创新工作。我首创了南宁市第二中学春季球类赛事对外直播，深得学生、家长、学校和社会的肯定，为推动深入实施“五育并举”“体教融合”的育人工作开创了新思路。2021年9月，我被学校任命为高中部体育教研组组长。我带领高中部全体体育教师积极工作，努力开创学校体育工作新局面，取得了较为突出的成绩，为学校“一校一品”“一校多品”特色项目建设做出了贡献。学校先后被评为“全国第一批足球特色学校”“全国学校体育联盟（足球项目）会员单位”“全国青少年校园排球体育传统特色学校”“全国啦啦操二星级俱乐部”“广西体育特色示范学校”“第三批广西青少年足球示范学校”“广西足球传统项目学校”等。

工作以来，我一直坚守在教学一线，长期承担初中、高中体育与健康课程教学工作，积极开展教研工作。2021年，我主持了南宁市教育科学“十三五”规划课题《中小学校园足球学生裁判员的培养研究》（课题编号：2016C007），并顺利结题；2023年，我主持了广西教育科学“十四五”规划2022年度广西教育质量监测研究专项课题《基于学生体质健康测试数据的示范性高中校本特色课程开发的实践与研究》（课题编号：2022ZJY316），课题研究取得了初步成果。2022年4月，我受邀参加了广西新闻频道《健身型动力》之《学课题青会体育公开课》线上授课专题活动。我曾被聘为广西“国培计划”授课专家、广西来宾市兴宾区中小学足球教练员专业提升培训班授课专家等。

在专业道路上精益求精

2014年，我获得了中国足球协会乙级联赛裁判员资格。这象征着我的专业发展进入了一个新的阶段。我先后执裁过中国足球协会超级联赛（以下简称“中超联赛”）、中国足球协会杯、中超中甲升降级附加赛、中甲保级附加赛等关键场次比赛。作为一名中超联赛裁判员，我时刻牢记“廉洁公正、严肃认真、严格准确”的裁判方针，“以事实为依据，以规则为准绳”的执裁理念，获得了中国足球协会的肯定和信任，多次获得“优秀裁判员”称号。2019年11月，我被授予中国足球协会甲级联赛最佳助理裁判员铜旗奖，这是广西籍足球裁判员获得的中国足球协会职业联赛的最高荣誉。

张海军（右1）参加中国足球超级联赛入场仪式

张海军（右1）荣获2019中国足球协会甲级联赛最佳助理裁判员铜旗奖

就业感悟

作为一名人民教师，要为人师表，行为世范。只有树立起良好的师表风范，才能立教于天下，使学生尚德，使文明风气盛行于社会，才能培养出更加优秀的学生。

案例评述

习近平总书记鼓励大学生积极就业。2022年6月8日，习近平总书记在宜宾学院考察时对同学们说，幸福生活是靠劳动创造的，大家要保持平实之心，客观看待个人条件和社会需求，从实际出发选择职业和工作岗位，热爱劳动，脚踏实地，在实践中一步步成长起来。张海军的成功就在于他一步一个脚印，踏踏实实，精益求精，把握人生的每次机会，同时他发挥专业特长，不断给自己提出新的更高的目标，用“咬定青山不放松”的干劲和不达目标不放手的毅力，在每个工作岗位上都尽量让自己做到更好，取得一个又一个的成绩，在事业上不断迈上新台阶。

专家提示

在人生的竞赛场上。没有明确的目标很难获得成功。许多人并不乏信心、能力、智力，只是没有确立目标或没有选准目标，因此与成功失之交臂。大学是人生的十字路口，明确自己在大学期间的目标，对学业进行科学规划，打造自我就业竞争力，并持之以恒地付出努力，是迈向成功的保证。

首先，明确目标至关重要。在大学期间，大学生应该思考自己的兴趣、价值观以及未来的职业规划，从而制订明确的目标。这些目标包括学术目标、技能目标、社交目标等，它们将指引大学生朝着正确的方向前进。

其次，对学业进行科学规划是成功的关键。大学生应该根据自己的目标和兴趣，制订合理的学习计划，并努力保持学习的动力和效率。同时，大学生还应该关注课程的关联性，确保自己掌握的知识和技能能够形成一套完整的体系。

再次，打造自我就业竞争力是大学期间的重要任务。这包括提高自己的专业技能、参与实习和项目、积累工作经验、建立人际关系网络等。通过这些努力，大学生可以更好地了解市场需求和职业发展趋势，从而使自己在未来的就业市场上更具竞争力。

最后，持之以恒地付出努力是成功的必要条件。大学期间，大学生可能会面临各种挑战和困难，但只要坚定目标、保持耐心和毅力，一般就能够克服这些困难，实现自己的梦想。

梦圆绿茵场

韦美英

韦美英，女，广西体育高等专科学校2019届体育教育专业毕业生，中国足球协会国家级裁判员，现为北部湾职业技术学校教师。

在大学努力让自己发光

2016年9月，我进入广西体育高等专科学校学习。在此之前，我是一名职业足球运动员，由于一些原因，我所在的俱乐部被迫解散，为了让我们继续接受教育，俱乐部帮我们联系广西体育高等专科学校，通过严格的考核与筛选，我有幸成为广西体育高等专科学校的一名学生。正是这次机遇改变了我的人生。

进入大学后，我有幸得到蓝壮旭和黄光亮两位老师的指导与帮助。当时这两位老师任教我们的足球裁判课程，刚开始接触足球裁判只想多拿一个证书，想着这可能对以后找工作有帮助。但在课堂中我发现自己对足球规则和裁判很感兴趣，便开始参加广西足球协会承接的比赛，在比赛中磨炼自己。在大学期间，我的周末都是在足球场上度过的。

2018年3月，我有幸经广西足球协会的举荐去考预备国家级裁判员。通过认真的备考，我顺利通过了预备国家级裁判员的理论考试，这代表我一只脚迈进了半职业足球联赛。执裁成人联赛需要积累一定的场次，为了能够早日执裁成人联赛，我不断地下赛区磨炼自己。印象最为深刻的是2019年在福建省晋江市举办的国际大学生体育联合会足球世界杯，这是我第一次执裁这么高规格的大赛。国际比赛需要裁判员全程用英语与人交流，这让英语基础较为薄弱的我心里犯了难，不知道自己能否胜任，但是如果错过了这次执裁不知道下次什么时候才有如此宝贵的机会。

于是，我就提前开始做功课。其实，我最担心的不是比赛中的执裁与交流，而是第二天的赛后总结，赛后总结全程需要用英语总结和回答提问。因为我那“蹩脚”的英语，每次总结时我都觉得时间过得特别漫长。但是，通过这次执裁经历，我学习到其他国家裁判员在赛场上的执裁风格和经验，同时自己的英语水平也得到了显著提升。通过努力，我获得了2018—2019全国青少年校园足球联赛最佳裁判员“银哨”称号。

经过这次考验，我更加明白文化素养对于足球执裁的重要性。返校后，我更加刻苦学习文化知识。付出就有收获，由于我成绩优秀，获得了直升本科到南宁师范大学继续学习的名额。

韦美英（第一排左2）参加2019年国际大学生体育联合会足球世界杯执裁

成为国家级裁判员

2019年，由于新冠疫情，足球职业联赛有一年的时间没有开展，这也让我担心自己的晋升问题。可喜的是，我的名字出现在2020年8月宣布的国家级女子足球裁判员名单中，激动的心情无法言喻，激动过后我觉得肩上的使命也变得更重了。2020年中国足球协会女子超级联赛在云南省昆明海埂体育训练基地进行，由于新冠疫情，31天的赛事是全封闭式的。第一次执裁职业联赛就能执裁中国足球协会女子足球超级联赛，我心里满是激动的同时也有些担忧。激动的是完全进入了职业联赛，担忧的是怕自己的执裁能力不能胜任球队快节奏、高压力、强对抗的比赛。尽管自己前期在体能、理论方面都做了一些准备，但还是激动中掺杂担忧。

带着对职业联赛的憧憬，经过与来自全国30名裁判员的共同努力，我们顺利完成了2020年中国足球协会女子超级联赛的执裁任务，得到中国足球协会的充分肯定。第一次职业执裁的经历，让我由衷地感叹执裁成人职业联赛不愧是每位裁判员的梦想！在执裁本次赛事中，中国足球协会给每位国家级裁判员颁发了胸徽，当这枚胸徽别在胸口时，我能感受到心中涌起的一股股波动！

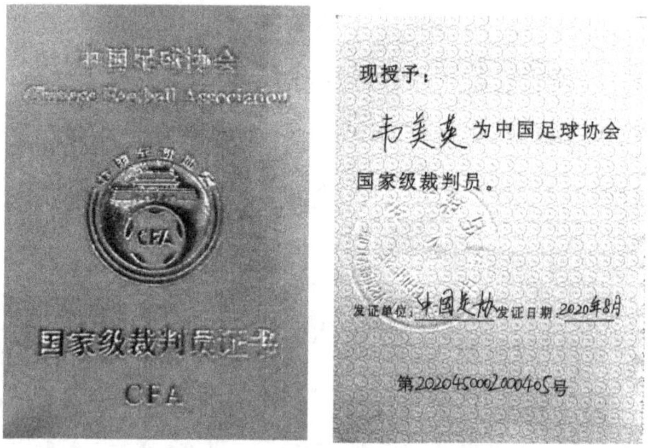

韦美英获得国家级裁判员证书

自此之后，我还参加了2020—2024年中国足球协会女子足球超级联赛、2021年第十四届全运会女子足球U18组决赛、2023年第一届全国学生（青年）运动会足球项目女子U16组决赛等比赛的执裁，在绿茵场上圆了我的“体育梦”。2024年中国足球协会全国女子足球锦标赛第一阶段比赛于1月30日至2月5日在云南省昆明海埂体育训练基地举办，我再次入选为裁判员并圆满完成执裁任务。

韦美英（右3）参加2021年中国足球协会女子足球超级联赛执裁

韦美英（右1）参加第十四届全运会足球项目比赛执裁

体会与感悟

一路走来，我觉得自己是“幸运”的，每到一个阶段自己都能搭上“顺风车”前往下一站。在“顺风车”的每一站的背后都有帮助我的教练、老师们，是他们给予我鼓励与帮助。感谢蓝壮旭和黄光亮老师对我几年如一日的指导，我会带着他们的期望不断地走下去，把体专（广西体育高等专科学校的简称）精神传承下去，带领学弟、学妹们一起为广西的足球裁判事业贡献出我们的力量！再次感谢广西体育高等专科学校选择并培养了我，让我可以在绿茵场上发光发热。

案例评述

2019年4月30日，习近平总书记在纪念五四运动100周年大会上的讲话中指出，奋斗不只是响亮的口号，而是要在做好每一件小事、完成每一项任务、履行每一项职责中见精神。奋斗的道路不会一帆风顺，往往荆棘丛生、充满坎坷。强者，总是从挫折中不断奋起、永不气馁。

韦美英在求学、工作期间，将每一次“挫折”都视为一次机会和挑战。俱乐部解散后，她在机缘巧合之下成为广西体育高等专科学校的学生，在学校遇到了伯乐，也开启了她足球裁判员之路。赛事服务需要全程英语交流，她直面困难，迎难而上，圆满完成了执裁任务并提升了自身英语水平。新冠疫情期间，她把握第一次职业执裁机会，调整心态、提升理论、提高体能，顺利完成晋升。

面对人生道路上的每一次选择，韦美英都用积极的心态、进取的决心、过硬的能力，一次次突破自我、走向成功，她所说的“顺风车”，实际上是正视自我、正确选择的结果。

专家提示

兴趣对职业影响深远。

首先，兴趣是一个人高效、持久工作的动力。“兴趣是最好的老师”，做有兴趣的事情，总是“乐此不疲”“废寝忘食”，做没兴趣的事情，则“度日如年”“倍感煎熬”。我们一般对有兴趣的事情，不会轻言放弃。正如陈景润能躲在小黑屋里啃着馒头、喝着凉水证明哥德巴赫猜想，袁隆平能几十年如一日在田间地头风里来雨里去，都是兴趣使然。

其次，兴趣能提高工作效率，创造职业成就。心理学研究发现，一个人从事感兴趣的工作，能发挥全部才能的80%～90%，而从事自己不感兴趣的工作，只能发挥全部才能的20%～30%。传统教育推崇勤奋对于成就的作用，“书山有路勤为径，学海无涯苦作舟”。但纵观历史上有所成就的伟大人物，他们获得的成就几乎都是从兴趣出发的。

最后，兴趣影响职业幸福感和生活满意度。人生三分之一的黄金时间用于工作。如果不喜欢，那也就意味着这三分之一的人生是不快乐的；工作不快乐，按照“踢猫效应”，会影响三分之二的生活；不感兴趣会导致工作效率差，工作成就低，难以胜任工作，压力倍增，影响睡眠和健康等。可以说，有一份自己感兴趣的工作是获得事业成功和人生幸福的前提。

向下扎根　向上生长

张　明

张明，男，广西体育高等专科学校2011届体育教育专业毕业生，现为广西南宁市相思湖学校体育教师。

在校学习成长经历

2008年，我进入广西体育高等专科学校就读，曾担任学校校团委干事、社团联合会副会长、班级宣传委员。我尊敬老师，团结同学，对待工作认真负责，对于老师交代的工作做到事事有回应，件件有着落。在校期间，我获得过国家励志奖学金，被评为广西高校优秀共青团员、校级三好学生和优秀学生干部。

大学期间的张明

就业经历

2011年6月，大学毕业后，我积极响应国家“到基层去，到西部去，到祖国最需要的地方去”的号召，报名参加了大学生志愿服务西部计划的支教工作，服务于当时的国家级贫困县广西河池东兰县，担任东兰县审计局办公室主任助理一职。

东兰县是革命老区，在中国革命历史上曾留下了光辉灿烂的篇章。东兰县位于广西西北部，地处云贵高原南缘，属大石山区。高高的大山圈住了这座小县城，当年进出县城的交通极不方便，各方面条件十分艰苦。在一年的支教工作中，我体验到了在偏远山区工作的困难与艰辛，体会到了工作的酸甜苦辣，见识到了山区孩子们对知识的渴望和对未来的向往，也越发坚定了我要更加努力地工作，为祖国的发展建设做出贡献的决心。在工作中我从不抱怨，始终坚持脚踏实地、勤奋工作，得到了领导和同事的好评。在支教服务期间，我还参加了团县委组织的“亲情1+1帮扶活动”，帮扶留守儿童，为他们的教育贡献自己的力量。

2012年8月，西部计划服务期满，我离开了东兰县回到南宁任职于南宁市相思湖学校。在南宁市相思湖学校我先后担任体育教师、班主任、团委书记等职位。经过支教基层的历练，我更深刻地认识到教育对于一个孩子、一个家庭的重要性。工作中，我秉持着“明德至诚，健行致远”的育人理念，坚持对学生报以爱心、耐心，对工作报以高度的责任心，始终以一名党员的标准严格要求自己，坚持以“守初心、担使命、找差距、抓落实”为工作第一准则，认真完成各项工作任务。

我的努力得到了学校和上级的认可和肯定，先后被评为南宁市优秀共青团干部、南宁市中学生田径比赛优秀指导教师、南宁市江南区第十三届运动会优秀指导教师、江南区优秀共产党员、江南区中考优秀指导教师、南宁市高新区优秀教师、高新区中小学体育教师优质课比赛优秀指导教师、高新区中小学生校园足球比赛优秀指导教师、高新区中小学生校园篮球赛优秀指导教师、高新区初中体育与健康学科教学优秀教师、高新区“美丽教师”、高新区“我最喜爱教师”，获得南宁市高新区中考备考体育学科教学一等奖、高新区教师教学设计一等奖、高新区中考学科优秀教师二等奖、高新区论文评比二等奖等多项荣誉。这些荣誉是对我这些年努力的肯定，也是激励我不断奋斗的动力。

工作中的张明

就业感悟

“用心育人，做最好的自己”是我作为教师的工作理念。这里的“心”指的是爱心、耐心，是教育传递的“能量棒”。

首先要有“爱心”。记得有人说过这样一句话：保持热爱的力量，是获得事业成功和人生幸福的前提。教师是一份普通的职业，教师的工作是平平常常的。但是，教师的工作对象是特别的，他们是充满活力、单纯可爱的孩子。伟大的教育家陶行知先生说过，爱满天下。没有爱就没有教育。热爱每一天的课堂，热爱每一位学生，热爱每一片绿叶，哪怕是有斑点的。

其次要有“耐心”。“耐心”是不急躁、不厌烦。每个学生都有自己的个性和独特的精神世界。教师不能以成人的思维方式和行为规范去约束学生，应善意地看待和评价学生的天性和行为，对每个学生的发展充满信心，其中最重要的就是要有“耐心”，在师生之间架起理解、沟通、信任、欣赏的“桥梁”。

学海无涯，学无止境，教师的工作也是这样，漫漫的育人道路就是一场修行。在这条路上，也许会经历无限风光，也许会经历满肩风雨，这都是教师的常态。在这条悠长的路上，我想，最好的状态就是不断地向下扎根，持续地向上生长。向下扎根——不断地沉淀自己，静下心来学习、思考；向上生长——持续地努力、探索，让自己拥有更开阔的眼界，做一位更优秀的教育者。

案例评述

2022年8月11日，中国单板滑雪运动员、奥运冠军苏翊鸣在《与世界说》中的演讲《热爱的力量》中讲道：“热爱的力量真有这么大吗？答案是肯定的。世界上所有的坚持都是因为热爱。经历了一次次受伤和失败，如果没有那份对滑雪的热爱，我根本不知道自己能坚持多久。”张明也是如此，凭着对教育事业的热爱，他“用心育人，做最好的自己”，不断向下扎根，向上生长。

专家提示

大学生应该在学习、生活、工作中找到自己的热爱，这不仅能够帮助大学生更好地认识自己，还能激发大学生内在的动力，使大学生在面对困难和挑战时更加坚韧不拔。

(1) 在学习中找到热爱。

探索不同的学科：大学提供了广泛的学科选择，大学生应该尝试不同的学科，了解自己的兴趣所在。

深入研究感兴趣的领域：一旦确定了感兴趣的学科或领域，大学生应该深入学习，通过阅读、讨论和实践来深化理解。

寻求学术指导：大学生应该与教授或导师建立联系，获取他们的建议和指导，以便在学术道路上更进一步。

(2) 在生活中找到热爱。

培养兴趣爱好：除了学习，大学生还应该培养一些兴趣爱好，如音乐、绘画、运动等。这些兴趣爱好能够丰富生活，提高生活质量。

参与社交活动：加入学生组织或社团，参与各种活动，结交志同道合的朋友。这不仅能够锻炼沟通能力，还能拓宽视野。

关注社会问题：了解并关注社会问题，积极参与志愿者活动或公益项目。实践行动不仅能够为社会做出贡献，也能够增强大学生的责任感和使命感。

(3) 在工作中找到热爱。

实习和兼职：通过实习和兼职，大学生可以了解不同行业和职位的工作内容和要求，从而找到适合自己的职业方向。

寻求职业建议：与校友、导师或行业专家交流，了解他们的职业经历和建议。这些经验分享能够帮助大学生更好地规划自己的职业生涯。

持续学习和提升：保持学习的态度，不断提升自己的技能。通过持续的努力和进步，大学生可以在实践中或在未来的职场中脱颖而出。

总之，大学生应该在学习、生活、工作中积极寻找自己的爱好。这不仅能够使大学生的大学生活更加充实和有意义，还能为其未来的职业发展打下坚实的基础。同时，大学生也应该保持开放的心态和勇于尝试的精神，不断挑战自己，追求更高的成就。

平凡不坠青云志　平淡倾洒一片情

龙　颖

龙颖，男，广西体育高等专科学校2019届体育教育专业毕业生，现任广西钦州市浦北县乐民中学团委书记。

在校学习成长经历

在广西体育高等专科学校上学期间，我曾担任体育与教育系第二届学生会主席兼分团委副书记、社团联合会副会长、校广播站实习老师、2016级体教9班班长等职务。我曾荣获校级“三好学生”“十佳团干”“优秀学生干部”“优秀共青团员”等荣誉，并获得自治区人民政府奖学金，还被评为自治区优秀毕业生、学校优秀毕业生。我还考取了篮球一级社会体育指导员证书、篮球二级裁判员证书、救生员五级社会体育指导员证书、跆拳道黑带一段段位证书、SIYB创业培训合格证书。2019年，我直升至南宁师范大学读本科，这期间我又考取了教师资格证，被评为优秀实习生。

坚定目标，做最优秀的自己

我来自一个普通家庭，2016年，我考入广西体育高等专科学校。刚入学的我与大多数同学一样，怀揣着对大学生活的憧憬却又有着对未来的迷茫，还有对家人的不舍，独自一人来到了陌生的城市、陌生的学校。刚进学校，学长对我说：“大学三年是为了毕业后能有更好的工作或者是为升学做准备的”，我从那时起第一次认真思考自己未来的职业规划。入学教育周的学习，让我逐渐明确了自己的目标，在辅导员和代理班主任的引导下，我渐渐适应了大学生活。同时，我也给自己制订了三个目标：一是加入学生会，锻炼自己的综合能力；二是考取教师资格证；三是实现专升本。作出决定的初期，我就着手规划大学的学习和生活，在加入学生会后，我合理安排学习时间和工作时间，努力做到既不耽误学习又能提高个人综合能力。我还利用课余时间帮老师做一些力所能及的工作，有不懂的就及时向老师和学长们请教。晚自习时间，我认真复习白天所学的知识和预习后面的课程。每天都安排得满满当当。不仅如此，我还积极参加校内外各种活动，曾获得“军训标兵”称号，师范生演讲比赛二等奖，第二十九届校运会优秀工作人员、优秀裁判员、武术比赛集体奖第三名，“三月三”竹竿舞表演优秀志愿者，东盟博览会志愿者等荣誉。我还自学摄影，参加了2017年广西区直院校校园文化艺术节且荣获摄影比赛三等奖、第六届广西大学生艺术展演活动摄影比赛且荣获二等奖等。

大二上学期，在老师和同学们的推荐选举下，我很荣幸地当选了体育与教育系第二届学生会主席，但我也深感压力。面对压力，我变得更加努力，向系领导、老师请教管理办法，自己上网查询并借鉴其他高校的学生干部管理的先进经验和做法，我带领学生干部做到“召之即来，来之则战”，我们学生会的工作得到学院领导的一致好评。有的同学见我每天这样忙碌，问我累不累，但是在我自己看来，这就是青春该有的模样！

同时，我积极向党组织靠拢，努力学习党的理论知识，当正式宣誓成为一名中共党员的那一刻，我感到无比的自豪和光荣，也真正认识到作为一名中共党员的责任与担当，从那一刻开始，我更加坚定自己的信念，为人民服务，为国家的发展、为教育事业奉献自己的力量。

时光飞逝，转眼间到了毕业季，我被评为自治区优秀毕业生、学校优秀毕业生。当我连续几次站在毕业典礼台上领奖的那一刻，我觉得一切的辛苦和汗水都是值得的，新时代的青年就该如此！

龙颖在广西体育高等专科学校学生代表大会上作报告

2019年专科毕业后，我获得了直升至南宁师范大学读本科的机会。在南宁师范大学学习的两年里，我没有忘记自己的初心，积极参加学校各种实践活动，向优秀的学长、学姐们学习。在南宁市滨湖路小学（五象校区）实习时，我被评为优秀实习生。实习结束后，我应聘为广西经贸职业技术学院智慧商务产业学院的体育教师，工作期间我认真负责，得到了领导、同事、学生们的赞扬。

不忘初心，返乡支教

2021年6月30日我如期本科毕业，为了支持乡村教育的发展，我毅然放弃广西经贸职业技术学院智慧商务产业学院的高薪工作，选择回到我的家乡，参加了农村义务教育阶段学校教师特设岗位计划，为家乡的教育事业奉献自己的绵薄之力。

2021年9月，我通过农村义务教育阶段学校教师特设岗位的面试，成为浦北县乐民中学的一名特岗教师。刚到乡村学校，我对很多东西都很陌生，但是大学的经历锻炼了我坚强不屈、不怕苦、不怕累的精神。刚入职我便主动担任九年级两个班和七年级两个班的体育教学任务，同时在学校政教处跟班学习。不懂就问，不懂就学，我积极参与校内外各种活动，努力积累教学经验。正所谓，世人皆知行路难，少年恃险若平地。2023年秋季学期，我调岗至校团委担任团委书记，全面负责学校共青团的工作。

龙颖（中）主持浦北县乐民中学学生心理健康排查会议

我的努力得到了组织的肯定，我先后被评为2022年度浦北县学校安全先进工作者、2022年度浦北县体育工作先进个人、2023年浦北县中学生田径运动会优秀领队、浦北县乐民中学文体组优秀教师等。

特岗教师的工作经历，使我深深地懂得了教育事业是爱的事业，更深刻领悟到了陶行知先生所说的，没有爱就没有教育。热爱学生，用爱点亮学生的心灵，爱学生成长过程中每一个微小的“闪光点”。

就业感悟

我们每个人都是璀璨星河中的一颗星星，我不一定是最亮的那颗，但即使做短暂的流星，也要划出最美的弧线。从做教师那天起，我就立下誓言：我平凡，但我绝不平庸！“平凡不坠青云志，平淡倾洒一片情”，这就是我此生不悔的追求！

案例评述

2020年7月7日，习近平总书记给中国石油大学（北京）克拉玛依校区毕业生的回信中写道，希望全国广大高校毕业生志存高远、脚踏实地，不畏艰难险阻，勇担时代使命，把个人的理想追求融入党和国家事业之中，为党、为祖国、为人民多作贡献。

龙颖在校期间努力学习专业知识技能、提升综合素质能力、积累社会经验。本科毕业后，他毅然放弃高薪留邕的工作，选择返乡担任特岗教师投身基层，用实际行动诠释“将小我融入大我”“将青春奉献给祖国”的责任与担当，在基层广阔的天地里建功立业，在一线为人民服务中实现人生价值。作为一名中共党员，他心中崇高的理想、坚定的信念，是他坚持完成职业生涯规划目标最强大的精神力量。我们要向龙颖学习，把个人理想融入党和国家的事业之中，为实现中华民族伟大复兴的中国梦贡献青春和力量。

专家提示

大学生在职业生涯中保持“初心”，是确保长期职业发展和个人成长的关键。

（1）明确职业目标。在进入职场之前，先思考自己的职业目标，明确自己想要成为什么样的人，从事什么样的工作。定期回顾和调整职业目标，确保它们与自己的价值观、兴趣和能力等相符。

（2）持续保持对工作的热情。始终热爱自己的工作，不断发现工作中的乐趣和价值，保持对工作的热情和投入，并尝试将挑战视为成长的机会，积极面对并解决问题。

（3）持续学习。不断学习新知识、新技能，不断提升自己的能力和素质，以适应不断变化的职场环境。

（4）坚守道德底线。在职业生涯中，始终坚守道德底线，做到诚信、正直、公正。

总之，要始终牢记自己为什么选择这个职业，为什么要努力工作，确保自己的行动与初心一致。

扎根乡村育桃李　不负青春谱华章

易阮乐

易阮乐，男，广西体育高等专科学校2014届体育教育专业毕业生，现任广西南宁市马山县里当瑶族乡中心学校党支部宣传委员、辅导员兼会计主任。

在校学习成长经历

2011年，我进入广西体育高等专科学校学习，回首在母校度过的岁月，我满怀感激。

大学期间，我不仅汲取了丰富的知识养分，更在老师们的悉心指导下，逐渐崭露头角，成为学生干部。曾记得，初入大学时，我还是一个迷茫而胆怯的新生。面对新的环境和挑战，我不知所措。然而，老师们用他们的耐心和智慧，为我指明了前进的方向。他们不仅在课堂上给我传授知识，更在课余时间与我分享人生经验，帮助我树立正确的世界观、人生观和价值观。正是这些宝贵的经历，使我不仅在学业上取得了优异的成绩，还培养了我独立思考和解决问题的能力。

母校给予我的帮助有很多，最难忘的是大三上学期在校团委留校实习的那段经历。实习期间，我接触到了各种不同的工作，如组织活动、策划宣传、对外联络等，这些工作不仅锻炼了我的组织协调能力，还提高了我的沟通技巧。通过实习，我学会了如何更好地与人相处，如何处理各种复杂的事项，能够很好地适应各种工作环境，为我毕业后的工作提供了宝贵的经验。

奉献山区教育，为孩子们播撒“阳光雨露”

2014年9月，刚刚毕业的我踏入了马山县里当瑶族乡中心学校的大门，成为这里的一名特岗教师。这所学校位于广西壮族自治区南宁市马山县的东部边陲，深处大石山区。刚到学校，面对孩子们一双双求知若渴、纯真清澈的眼睛，我深知自己肩上的重任，深刻意识到作为教师的责任与担当，我不仅要给孩子们传授知识，更要教会他们如何面对困难和挑战。

服务期满，我在自治区教育厅对特岗教师的岗位考核中被评为优秀等次。我深知乡村的孩子们面临着诸多困难，但他们拥有着无限的潜能和对知识的渴望。我希望通过自己的努力，为他们打开一扇通向未来的窗户，让他们看到更广阔的世界，拥有更多的选择。经过深思熟虑，我决定留在乡村继续教书。每当我看到孩子们的眼中闪烁着对知识的渴望，每当我看到他们的脸上展现出自信和笑容，每当我看到他们在学习中取得进步，我都感到无比的满足和欣慰。我深知，乡村的发展离不开教育的支持。我希望通过教育，为乡村培养出更多的优秀人才，为乡村振兴注入新的活力和动力。我相信，只要我们共同努力，乡村的明天一定会更加美好。

就这样，我在马山县里当瑶族乡中心学校一干就是8年，先后担任大队辅导员，体育、英语、数学、信息科任教师。这期间，在教学方面，我始终秉持严谨的态度，认真备课，致力于让每一节课都富有趣味性，使学生在轻松愉快的氛围中吸收知识。为了提升教学质量，我不断学习新的教育理念和教学方法，积极参加各类培训和研讨会，以提高自身的教育教学水平。例如，在数学教学中教授分数的概念时，我发现学生对此理解困难。为此，我采用了引导式教学策略，通过引导学生探讨生活中何时需要用分数来表示，让他们自主发现答案，逐步建立起分数的概念。这种教学方法不仅激发了学生的学习热情，还培养了他们的思维能力。

在班级管理方面，我致力于培养学生良好的习惯和塑造学生优良的品格。建立高效可行的班级管理体制，培育优秀的班干部团队，使学生得以自行管理和协同合作。在我们班级中，曾有位学生因家庭困境导致学习成绩下滑，情绪波动不定。我通过多次与他沟通，深入了解他的具体情况，并给予他鼓励与支持。与此同时，我与他的家长展开交流，协商如何帮助他。经过一段时间的共同努力，该学生的学习成绩显著提升，情绪也稳定下来。

除了教育教学工作外，我积极投身马山县脱贫攻坚工作，按照各级党委、政府的部署，在各级教育行政部门的指导下，我个人不断强化帮扶意识、拓宽帮扶思路、落实帮扶项目、解决帮扶贫困户的实际困难。在帮扶工作中，我严格执行扶贫政策，对贫困群众怀着深厚的感情，对帮扶工作具有强烈的事业心、责任感，始终做到以人为本，心系民情，密切配合村委到贫困户开展一系列帮扶工作。在帮扶工作中，我每月至少深入帮扶贫困户家中一次，积极与他们进行沟通，深入、全面、客观地了解帮扶贫困户的家庭情况，为他们答疑解惑，积极向贫困群众宣传国家扶贫政策，落实以奖代补政策，落实移民搬迁政策，推动教育扶贫等。每年年初，我会和帮扶贫困户制订脱贫计划，动员他们参加种养技术培训，鼓励年轻人出去打工，积极努力解决他们的诉求，他们缺什么、愁什么，我就倾其所能地帮他们，他们不满意什么，我就真心实意地去改进。我从思想上、感情上、物质上、技术上多重帮扶他们，使他们实现再就业，逐步脱贫解困。我所帮扶的贫困户中，由于指导到位，收入明显提高，2018年我所帮扶的4个贫困户都实现了脱贫。

回顾工作至今，我付出了大量的努力和汗水。我的付出得到了回报，在我的精心指导下，我的学生掌握了学习方法，学到了扎实的知识，更重要的是，他们学会了做人、做事的道理。看到他们的成长和进步，我深感自己教有所获，这也是我最幸福、最有意义的时刻。组织对我的工作也给予了充分的肯定，我先后被评为马山县教育系统优秀共产党员、南宁市优秀少先队辅导员、马山县里当瑶族乡优秀教育工作者，荣获马山县脱贫攻坚工作嘉奖、马山县教育系统党员“德育先锋示范岗”称号等荣誉。

易阮乐参加共青团南宁市第十九次代表大会

易阮乐获得的荣誉

2022年3月，我成为马山县里当瑶族乡中心学校的辅导员，并兼任会计主任一职。我的工作责任更重了，特别是会计工作，涉及预算编制、经费报销、资产管理等多个方面。我深知财务工作的重要性和严谨性。面对新的工作职务，我用积极的心态迎接新的挑战，努力学习新的业务知识，不断提升自己的业务水平。身为共产党员，我始终践行党的宗旨，以高标准要求自己。在工作中，我坚持公平、公正、公开的原则，勤勉尽责，确保学校的财务工作规范有序。

就业感悟

特岗教师的工作经历让我得到了历练和成长，这仅仅是我人生旅程的起点，我要继续怀着这颗赤诚之心，坚定地走下去，为山区的教育事业贡献自己的绵薄之力。

案例评述

“好儿女志在四方，有志者奋斗无悔。”难能可贵的是，易阮乐坚决响应党和国家的号召，到最紧缺教师的边远山区做特岗教师，并扎根下来，一步一个脚印扎实工作，把青春和热血奉献给山区教育，为山区孩子们播撒了一片“阳光雨露”，并立下了要继续怀着这颗赤诚之心，坚定地走下去，为山区的教育事业贡献力量的谆谆誓言。

基层是一座蕴藏丰富的矿藏，大有潜力、大有作为。基层离人民最近，离脚下的土地最近，是青年干事创业的天地。基层是怀揣建功立业理想的广大青年梦想起飞的地方，也是广大青年施展拳脚、发挥无限创造力的广阔天地，是他们创造出彩人生的宽阔舞台。在基层的广阔天地里，青年大有可为，也必将大有作为！

习近平总书记曾说过这样一句话，“实现中华民族伟大复兴的中国梦，需要一代又一代有志青年接续奋斗”。当代大学生要以习近平新时代中国特色社会主义思想为指导，积极唱响“到基层去，到西部去，到祖国最需要的地方去”的主旋律，心怀梦想，志存高远，树立正确的世界观、人生观和价值观，自觉地把个人理想同国家与社会的需要紧密结合起来，在基层磨炼中成长，在实践锻炼中成才，在基层岗位的不懈奋斗中绽放绚丽的青春之花，在实现中华民族伟大复兴的中国梦中绽放异彩，谱写无愧于时代的青春华丽篇章！

专家提示

在当下，还存在部分大学生“就业难”问题，何以破解，首要任务是培养大学生的就业竞争力，而大学生就业竞争力本质上是一种表现力，是大学生综合素质的集中反映。

在大学期间，我们鼓励大学生在保证专业知识的学习、做好规划的前提下，积极参加学生组织和社会实践活动，提升自身的沟通能力、执行能力、个人表达能力、团队协作能力和独立处事能力等用人单位看中的个人能力和综合素质，在以后的职场竞争中发挥出最大的优势。易阮乐大学期间担任学生干部和在团委实习的工作经历，使得他能够快速适应工作岗位，成为辅导员、多学科教师、会计主任等“多面手”。

敬业奉献　乐教爱生

周秀云

周秀云，女，广西体育高等专科学校2007届运动训练专业毕业生，现为广西桂林市二塘中心校体育教师、少先队辅导员，桂林市健美操啦啦操协会副会长。

在校学习成长经历

2005年，我进入广西体育高等专科学校学习。在校期间，我担任过学生会勤工部部长、戏剧社社长、社团联合会会长，我工作认真负责，得到老师和同学们的一致好评。2007年9月，我以年级第一的成绩升本到广西师范大学（广西体育高等专科学校办学点）继续学习。大学期间，我入选学校啦啦操队，代表学校参加了全国啦啦操比赛，并获得全国冠军。

就业主要经历和取得的成绩

2009年大学毕业后，我先后在广西师范大学漓江学院（现桂林学院）、桂林市德智外国语学校、桂林市平山小学担任体育教师。2016年1月起，我就职于桂林市二塘中心校，担任体育教师和少先队辅导员。参加工作后，我始终以一名共产党员的标准严格要求自己，忠诚于党的教育事业，坚持以“守初心、担使命、找差距、抓落实”为工作准则，以竭诚为少年儿童健康成长服务的高度责任感，认真完成各项工作任务，得到了学校领导的认可和肯定。

在桂林市二塘中心校担任学校少先队辅导员期间，我重视少年儿童的品德教育，努力钻研少先队工作业务，在教育教学过程中本着科学的态度，灵活务实地做好少先队工作，深受学生的欢迎和尊敬，得到家长的充分信任和好评，被评为桂林市优秀少先队辅导员，学校少先队也被评为桂林市优秀少先队集体。

除此之外，我还担任学校啦啦操队主教练一职。我长年坚持带队训练，曾带领学校啦啦操队获得2020年中国少儿啦啦操挑战赛（桂林站）冠军，并多次荣获桂林市中小学啦啦操比赛冠军。我还多次被评为市级比赛“优秀教练员”及“优秀裁判员”，先后被聘为2021年新周期桂林市中小幼学生啦啦操大课间公益培训班暨2021年桂林市中小幼学生啦啦操、街舞比赛赛前培训班培训导师、桂林市啦啦操三级教练员和裁判员培训班导师。由于工作成绩突出，我先后被桂林市教育局及象山区教育局授予学校体育工作先进个人、优秀共产党员等荣誉称号。

周秀云被聘为2021年新周期桂林市中小幼学生啦啦操大课间公益培训班暨2021年桂林市中小幼学生啦啦操、街舞比赛赛前培训班培训导师

2021年，周秀云荣获“全国校园大课间啦啦操推广先进个人”

另外，我一直坚守在教学一线，长期承担小学体育与健康课程教学工作，并积极开展教科研工作，多次代表学校参加市级优质课比赛，且荣获过一等奖。论文《依托乡村学校少年宫培养小学生的体艺特长——以啦啦操教学为例》荣获桂林市教育教学论文评比一等奖，校级课题《乡村学校少年宫开展啦啦操课程的实践研究——以桂林市二塘中心校为例》被评为优秀结题等级。2022年，我主持了桂林市教育科学“十四五”规划课题《“双减”背景下乡村学校课后服务开展啦啦操社团的实践研究》，并顺利结题。

周秀云参加2022年桂林市二塘中心校课题结题汇报工作

在专业道路上精益求精

我曾先后执裁过多场桂林市中小幼啦啦操比赛、广播操比赛。2023年，我入选为广西

壮族自治区第十三届学生运动会啦啦操项目比赛裁判员，这意味着我在专业发展道路上进入了一个新的阶段。作为国家一级啦啦操裁判员，我时刻牢记“廉洁公正、严肃认真、严格准确”的裁判方针，秉持“以事实为依据，以规则为准绳”的执裁理念，获得了大赛组委会的肯定和信任，多次荣获“优秀裁判员”称号。

周秀云担任广西壮族自治区第十三届学生运动会啦啦操项目比赛裁判员

周秀云荣获2021—2022年全国啦啦操联赛（桂林站）“优秀裁判员”

就业感悟

从教十余载，我清晰地认识到教师是十分神圣的职业，既教书又育人。高尔基曾说：“谁爱孩子，孩子就爱谁。只有爱孩子的人，他才可以教育孩子。”在各项教育教学活动中，我始终把热爱学生放在第一位，既关心爱护学生，又尊重信任学生，无论成绩好坏，我都一视同仁，也正是因为这样，我和学生之间的关系非常融洽，也一直深受学生爱戴。

案例评述

职业兴趣是一个人对待工作的态度，表现为有从事相关工作的愿望和兴趣，拥有职业兴趣将增加个人的工作满意度、职业稳定性和职业成就感。周秀云一直将“啦啦操”作为兴趣爱好，并通过个人消化以及在社会工作岗位中的专业实践、社会拓展，实现了工作与兴趣爱好相结合，将个人价值最大化。

大学生应通过不断学习与探索，加深对专业的理解，培养对专业的兴趣，并通过科学的学业规划，确立职业目标，把大学学习、生活与职业目标紧密地结合起来，最终顺利完成学业并高质量就业。

专家提示

职业素养是人在从业过程中表现出来的综合品质，主要体现在职业信念、职业知识技能、职业行为习惯等方面。

职业信念是职业素养的核心，包括良好的职业道德、正面积极的职业心态和正确的职业价值观。良好的职业信念一般由爱岗、敬业、忠诚、奉献、正面、乐观、用心、开放、合作等关键词组成。

职业知识技能是做好一个职业应该具备的专业知识和技能。提升职业知识技能是为了更好地完成任务，提高工作效率。每个职业有每个职业的知识技能，每个行业也有每个行业的知识技能。

职业行为习惯是在职场上通过长时间学习、改变、形成而最后变成习惯的一种素质。信念可以调整，技能可以提升，要让正确的信念、良好的技能发挥作用就需要不断地练习，直到成为习惯。

职业素养是衡量一个人在其职业生涯中成功与否的重要标准，也是一个职业领域发展的基础。提高职业素养需要不断地追求进步和完善，可以从多读书、多思考、多实践、多参加培训等方面着手。

路虽远　行则将至

梁伟庆

梁伟庆，男，广西体育高等专科学校2012届运动训练专业毕业生，广西壮族自治区钟山监狱一级警员。

在校学习成长经历

2010年9月，我进入广西体育高等专科学校学习。在校期间，我曾加入社团联合会、就业创业协会、护校队等多个社团组织。回想在护校队的日子，我坚持每天早起打一套军体拳，再开启一天的学习。社团工作很好地锻炼了我的沟通能力，开阔了我的视野，提升了我的思维能力，同时也让我充分发挥了自己的计算机特长，我曾代表学校参加了广西大学生创业模拟实战大赛。大二的时候，我成功竞选系团委组织委员，并作为主要策划人，策划组建了学校青年志愿者协会。作为协会骨干，我致力于打造社团精品文化，弘扬奉献、友爱、互助、进步的志愿精神，点燃当代大学生的激情与热情，肩负起时代赋予的责任与担当。在南宁国际民歌艺术节等重大活动中都有我校青年志愿者的身影。

事虽难，做则必成

我的大学生活过得丰富多彩，但很快两年的大学生活就结束了，刚离开校园面对社会，我顿感迷茫、彷徨。因有学校护校队的经历，我脑海中涌现出一个热血的念头：去当兵！于是在2013年9月，我踊跃报名，并应征入伍。艰苦紧张的军营生活，既磨炼了我的意志力，又培养了我过硬的军事素质；部队严明的组织纪律，也让我养成了良好的工作作风和生活作风，这些对我来说都是宝贵的财富。

当兵两年，我觉得自己由内到外都得到了质的提升，再加上之前在校期间丰富的社团工作经历，让我再次进入社会时从容了许多。2020年，我参加了广西壮族自治区的公务员考试，顺利考入广西壮族自治区钟山监狱，成为一名人民警察。对我来说，这是一个新的开始。在这里，我并不是科班出身，专业知识相对薄弱，但是我没有选择“躺平”和退缩，而是像海绵一样，不断汲取法律等相关知识，虚心向前辈们请教。通过自己不断的努力，我逐渐从“狱警小白”变成现在的业务骨干。工作中，我时刻秉持“惩罚与改造相结合，以改造人为宗旨”的监狱工作方针，从心理上、行为上掌握罪犯教育改造的规律，从中找到监管改造的切入点，对症下药地开展罪犯个别谈话教育，通过精准科学的教育转化措施，促进罪犯积极改造。监狱警察工作涉及面广、规范性强，我始终坚持大安全理念，以安全隐患排查大整治为主线，严格落实各项监管改造业务工作，规范监区管理，强化监狱惩罚和改造职能，进一步筑牢安全底线，维护监狱持续安全稳定，助力建设平安广西。我的努力得到组织的认可，2022年度考核我被评为优秀等次。

英姿飒爽的梁伟庆

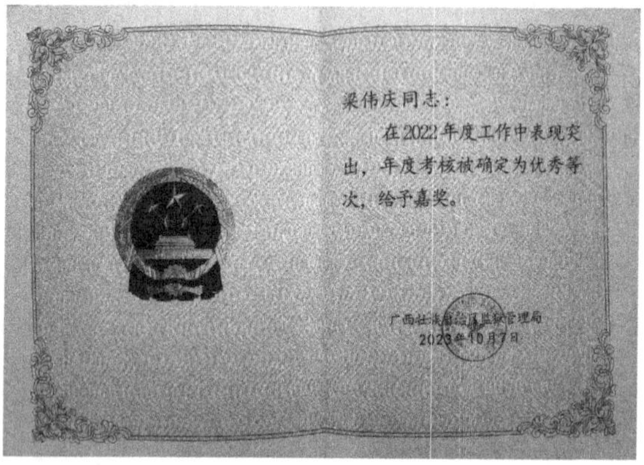

梁伟庆在2022年度考核中被评为优秀等次

就业感悟

面对未来，我们可能会迷茫、会徘徊，但要相信，“路虽远，行则将至；事虽难，做则必成。”人生没有白走的路，每一步都算数，我们能做的就是踏踏实实，一步一个脚印，走好每一步。“长风破浪会有时，直挂云帆济沧海。”要始终相信自己，不断努力，终将实现自己的梦想！

案例评述

梁伟庆在校期间，参加了多个社团组织，参与了很多实践锻炼，提升了多方面的素质能力。离开校园走入社会，虽然有过迷茫、彷徨，但是学校护校队的经历，让他毅然决定应征入伍，艰苦紧张的军营生活，进一步磨炼了他的意志，培养了他良好的工作作风和生活作风，他收获了人生宝贵的财富。这些经历，为他最终蜕变为一名优秀的监狱警察打下了坚实的基础。

“路虽远，行则将至；事虽难，做则必成”。面对未来，梁伟庆每次抉择时，不是等待、“躺平”，而是踏踏实实去做，始终相信自己，不断努力，一步一个脚印，走好每一步，最终找到了自己的职业归宿，并取得了可喜的成绩。

正如梁伟庆的总结：“人生没有白走的路，每一步都算数”。面对漫漫人生路，我们可能会迷茫，会徘徊，我们能做的就是踏踏实实走好每一步，不断努力！

专家提示

时下“躺平青年”已引发社会广泛讨论，而“躺平”背后的心理也是就业准备阶段常见的不良心理。

马克思曾说：“任何一个民族，如果停止劳动，不用说一年，就是几个星期，也要灭亡，这是每一个小孩都知道的。”习近平总书记在党的二十大报告中寄语新时代广大青年“怀抱梦想又脚踏实地，敢想敢为又善作善成，立志做有理想、敢担当、能吃苦、肯奋斗的新时代好青年”。实现中华民族伟大复兴的中国梦的前景从来没有像今天这样清晰可见。只有劳动才能创造美好生活，唯有奋斗才能取得发展进步，大学生要客观、理性地对待不同阶段的现实情况，做好职业生涯规划，强化自身知识储备，加强就业前期准备，持续提升个人综合能力和心理素质，并采取合适的调适方法，实现自我突破，以成功就业开启人生新征程。

选你所爱　爱你所选

李　泽

李泽，男，广西体育高等专科学校2010届运动训练专业毕业生，广西出入境边防检查总站移民管理警察，三级警长（副科级），挂任防城港市防城区峒中镇板沟村驻村第一书记。

在校学习成长经历

2008年9月，我进入广西体育高等专科学校学习。在校期间，我努力学习专业课程，积极参加学校社团组织，曾担任体育教育训练系学生干部，因学习成绩优异、综合表现突出，连续两年获得国家励志奖学金。

选我所爱

刚进大学，许多同学无法理解我从两千多公里外的山西来广西体育高等专科学校读书，经常问我：你为什么选择就读广西体育高等专科学校？以你的高考文化课分数，是可以在老家山西读大学的，干吗跑这么远？我的回答是，因为我热爱篮球，而广西体育高等专科学校运动训练专业有篮球专项训练。同学们听后都笑了，到广西体育高等专科学校打篮球难道以后能进入职业队吗？虽然他们是以调侃的方式跟我说的，但是不得不承认，他们讲的不无道理。说实话，我也曾经不止一次地问自己，两年后我到底能做什么工作？但是因为热爱，我依然坚持自己的选择，认真上好每一节技术课，潜心提升自己的篮球技能，学习如何做一名合格的篮球教练，在老师的耐心指导下，我对篮球的理解越来越深刻，技能水平也得到了较大的提升。

爱我所选

2009年12月，武警广西边防总队来学校特招。经过层层筛选，我有幸成为一名武警战士。在部队两年的历练中，我不仅成为一名合格的边防卫士，还先后两次被评为优秀士兵。2011年，我参加了部队高考，考上了武警海警学院，就这样我又一次回到了大学校园。在武警海警学院就读期间，我先后两次被评为优秀学员，所有课程“零挂科”，并且光荣地加入中国共产党，成为一名共产党员。

2009年12月11日，李泽入伍当天与学校领导及同学合影（前排左6）

2011年，李泽考入武警海警学院

时光匆匆，转眼间到了2014年6月，我从武警海警学院毕业了。毕业后，我又被分配回原部队武警广西边防总队某部任职少尉排长。2018年，武警部队改革，武警广西边防总队改为广西出入境边防检查总站，隶属于国家移民管理局，我也从武警中尉转改为移民管理警察，部队编制转为公务员编制。2018—2022年，我先后荣立三等功1次，被评为优秀警官3次。2022年12月，我晋升为三级警长，成为副科级干部。

2022年1月10日，李泽参加表彰奖励暨晋升警衔仪式

为了更加全面地锻炼自己，2023年4月，我主动报名到防城港市防城区峒中镇板沟村任驻村第一书记。驻村期间，我始终以群众的“急难愁盼”作为驻村工作的重要切入点，快速融入巩固拓展脱贫攻坚成果与乡村振兴有效衔接的工作中，积极向后盾单位汇报，深入走访地方爱心企业，先后为群众解决上学难、就业难、饮水难、看病难等问题，为群众办实事14件，为当地的小学争取球服、床铺、空调等物资以及新建餐厅，积极改善学生的学习、生活环境。我始终坚持用心帮扶、用责帮扶和用智帮扶，用心为群众解难题、办实事，为乡村振兴贡献自己的绵薄之力。因工作成绩突出，我被防城港市委组织部评为2023年第二季度第一书记工作标兵。

就业感悟

“选你所爱，爱你所选”是我对待事业一直遵循的原则。正如“唯有热爱，可抵岁月漫长”这句话所说，不管从事任何工作，都需要保持一份热爱。感谢自己当初的选择和坚持，我因为热爱篮球，所以选择了广西体育高等专科学校；因为热爱“橄榄绿”，所以选择了步入军营、报效祖国。

案例评述

择业观、就业观是人生理想在职业选择上的具体体现，是一个人对职业目标的追求和向往。李泽不断适应社会需要，主动应对就业形势的就业理念，是他获得成功的关键。他因为对篮球的热爱放弃就读生源地的本科院校而选择了广西体育高等专科学校；因为把握了武警广西边防总队到学校特招的机会而成为一名武警战士，考上了武警海警学院继续求学；在武警部队改革完成转编并为广西出入境边防检查总站后不断突破自我完成了职业晋升；响应乡村振兴战略的号召主动报名担任驻村第一书记，坚持用心帮扶、用责帮扶和用智帮扶而贡献自己的力量。

专家提示

每个人都希望成为更好的自己，每个人都有自我成长的张力。但是很多大学生并没有抓住大学时期的自我超越机会。那么如何度过大学生活呢？首先，了解和适应大学生活；其次，思考和描绘愿景；再次，把愿景变成目标；最后，最重要的是行动。大学生应在学习之余，主动调查了解当前的就业形势、就业政策及就业过程，根据外部环境的变化从个人素质条件出发，以符合用人单位的需求及时调整自身发展方向，并积极调整心态，提升综合素质，关注行业发展，做出合理的选择和科学的决策。